Websites geschlechtergerecht und antidiskriminierend formulieren

Judith M. Kero

Websites geschlechtergerecht und antidiskriminierend formulieren

Für Psychotherapie, Beratung, Supervision

Judith M. Kero
Psychotherapiepraxis
St. Pölten, Österreich

ISBN 978-3-658-24851-2   ISBN 978-3-658-24852-9 (eBook)
https://doi.org/10.1007/978-3-658-24852-9

Die Deutsche Nationalbibliothek verzeichnet diese Publikation in der Deutschen Nationalbibliografie;
detaillierte bibliografische Daten sind im Internet über http://dnb.d-nb.de abrufbar.

© Springer Fachmedien Wiesbaden GmbH, ein Teil von Springer Nature 2019
Das Werk einschließlich aller seiner Teile ist urheberrechtlich geschützt. Jede Verwertung, die nicht ausdrücklich vom Urheberrechtsgesetz zugelassen ist, bedarf der vorherigen Zustimmung des Verlags. Das gilt insbesondere für Vervielfältigungen, Bearbeitungen, Übersetzungen, Mikroverfilmungen und die Einspeicherung und Verarbeitung in elektronischen Systemen.
Die Wiedergabe von Gebrauchsnamen, Handelsnamen, Warenbezeichnungen usw. in diesem Werk berechtigt auch ohne besondere Kennzeichnung nicht zu der Annahme, dass solche Namen im Sinne der Warenzeichen- und Markenschutz-Gesetzgebung als frei zu betrachten wären und daher von jedermann benutzt werden dürften.
Der Verlag, die Autoren und die Herausgeber gehen davon aus, dass die Angaben und Informationen in diesem Werk zum Zeitpunkt der Veröffentlichung vollständig und korrekt sind. Weder der Verlag, noch die Autoren oder die Herausgeber übernehmen, ausdrücklich oder implizit, Gewähr für den Inhalt des Werkes, etwaige Fehler oder Äußerungen. Der Verlag bleibt im Hinblick auf geografische Zuordnungen und Gebietsbezeichnungen in veröffentlichten Karten und Institutionsadressen neutral.

Springer ist ein Imprint der eingetragenen Gesellschaft Springer Fachmedien Wiesbaden GmbH und ist ein Teil von Springer Nature
Die Anschrift der Gesellschaft ist: Abraham-Lincoln-Str. 46, 65189 Wiesbaden, Germany

Gewidmet meiner wundervollen Familie:
Gerhard, Kai, Dana und Nadja

Vorwort

Durch meine Sozialisierung am Rande der zweiten Frauenbewegung in den 1960er- und 1970er Jahren wurde ich dahin gehend sensibilisiert, sprachlich weibliche und männliche Formen zu verwenden und damit auch zu denken. Gegenwärtig erlebe ich, dass junge Frauen sich wieder des androzentrischen Sprachstils bedienen, das generische Maskulinum in Bezug auf sich selbst und andere Frauen verwenden und ein Selbstverständnis dafür erzeugen, sich *mitgemeint* zu fühlen – ein Backlash, der schon überwunden schien. Würde sich dieser Sprachgebrauch umkehren und nur noch das generische Femininum zur Anwendung kommen, wäre Empörung die Reaktion – berechtigterweise, denn Sprache hat Definitionsmacht über unsere Wirklichkeit.

In meiner Profession als Psychotherapeutin, Supervisorin und psychosoziale Beraterin befinde ich mich mit meinen Patient_innen und Klient_innen ständig im Gespräch, daher stellt Sprache eines der wirksamsten professionellen Werkzeuge meiner Metiers dar. Durch Sprache werden Beratungs- und Behandlungsinhalte formuliert und Beziehungen geschaffen, insofern ist Sprache niemals nur neutrales Werkzeug, sondern immer auch Machtinstrument bzw. Ausdruck und Durchsetzungsmittel hierarchischer Strukturen. Geschlechtergerechter und antidiskriminierender Sprachgebrauch sollte folglich bei Psychotherapeut_innen, Berater_innen und Supervisor_innen Teil des professionellen Selbstverständnisses sein, denn die Geschlechterdifferenzierung, die sich in deren Sprachstil abbildet, beeinflusst unbewusst auch deren Patient_innen und Klient_innen.

Entsprechend widme ich dem sprachlichen Aspekt des facettenreichen Themas Gender schon über lange Zeit meine persönliche Aufmerksamkeit. Im Zuge meines Masterstudiums (2016) beschäftigte ich mich vertiefend mit *Performing Gender* – Gender in der Sprache. In dieser Auseinandersetzung interessierte mich konkret, ob psychosoziale Berater_innen geschlechtergerechten Sprachgebrauch verwenden und untersuchte deren Werbetexte anhand ihrer öffentlich einsehbaren Internetauftritte mittels einer qualitativen und einer quantitativen Studie. Ich ging davon aus, dass sich Genderkompetenz auch in der Sprache und im Sprachgebrauch zeigt. Mein Forschungsinteresse bezog sich daher einerseits auf die Selbstpräsentation als Berater_innen, andererseits interessierte mich, auf welche Weise sie ihre potenziellen Patient_innen und Klient_innen ansprechen und ob sie geschlechtergerechten Sprachgebrauch pflegen. Zudem wollte ich die in der Literatur getätigte Aussage, jüngere Frauen würden weniger häufig geschlechtergerechte Sprachformen verwenden, validieren[1], denn Untersuchungen deuten darauf hin, dass nicht nur Frauen, sondern auch Männer unter 25 Jahren geschlechtergerechte Formulierungen seltener verwenden[2]. Dass mehrheitlich Frauen, ca. im Verhältnis 60:40, in beratenden Funktionen tätig sind[3], ist offenkundig. Im

---

1   Juliane Schröter, Angelika Linke, & Noah Bubenhofer, 2012.
2   Karin Wetschanow, & Ursula Doleschal, 2012.
3   Irmgard Vogt, 2004.

Beratungssektor Supervision sind lediglich ein Drittel der Supervisor_innen Männer[4] und in der Psychotherapie ist die Feminisierung am meisten fortgeschritten – hier sind 80 % Frauen tätig[5].

Die Befunde der qualitativen Untersuchung zeigten für Berater_innen deutliche Spuren von Achtsamkeit, welche durch die der quantitativen Untersuchung untermauert werden konnten. Sie weckten meine Neugier und veranlassten mich, die Berufsgruppen der Psychotherapeut_innen und Supervisor_innen ebenso in ihrem geschlechtergerechten Sprachgebrauch unter die Lupe zu nehmen und unterzog sie derselben quantitativen Analyse. Die zusätzlichen Ergebnisse und die Auseinandersetzung mit den zugrunde liegenden Theorien motivierten mich, eine praktische Handlungsanleitung in Form der hier vorgestellten Checkliste zu entwickeln und Psychotherpeut_innen, Berater_innen und Supervisor_innen, sowie allen anderen, die geschlechtergerechte bzw. antidiskriminierende Websites erstellen möchten, an meinen Erkenntnissen teilhaben zu lassen.

Judith M. Kero

---

4   Brigitte Schigl, 2014, S. 81.
5   bestNET, 2016.

Danksagung

Mein herzlicher Dank gilt allen, die mich bei und während des Prozesses bei diesem Buch hilfreich unterstützt, gefordert und gefördert, und an mich geglaubt haben. Ein herzliches Dankeschön an:

Prof.[in] Dr.[in] Brigitte Schigl, MSc, für die engagierte Unterstützung, ihre fachliche Begleitung und Beratung, und ihr kritisches Lektorat.

Dr.[in] Karin Wetschanow für ihre fachkundige Betreuung beim für mich neuen und aufregenden sprachwissenschaftlichen Teil meiner Arbeit, ihre konstruktiven Anregungen und die lustvolle Begleitung, vor allem der qualitativen Forschung. Ich habe viel von ihr gelernt.

MMag. Dr. Markus Böckle für das Berechnen, Auswerten und das angeregte Diskutieren über die Interpretationsmöglichkeiten der Ergebnisse meiner quantitativen Forschung.

Mag.[a] Heidi Thyri für die allzeit bereite und hilfreiche Begleitung der quantitativen Forschung. Sie hat mich oftmals vor der Verzweiflung gerettet.

Dr. Martin Mucha für seine freudige Bereitschaft, als dem Thema gegenüber Außenstehender und Kritiker, Korrektur zu lesen und konstruktives Feedback zu geben.

All meine bewährten Freund_innen, die in dieser Zeit für mich da waren, mit mir diskutiert, mich bestärkt und auf vielen Ebenen unterstützt haben.

Last but not least gilt mein besonderer Dank meiner wundervollen Familie. Allen voran meinem Mann Gerhard für die konstruktiven Gespräche, seine Leidenschaft, Bestärkung, Anteilnahme und Hilfsbereitschaft, Geduld und sein genaues Lektorat. Ebenso bedanke ich mich herzlichst bei meinen drei fantastischen Kindern, Kai, Dana und Nadja, die mich in dieser Zeit wohlwollend begleitet, unterstützt und manchmal wohl auch ertragen haben.

Inhaltsverzeichnis

1	**Einleitende Gedanken**	1
1.1	Inhaltliche Vorschau	3
2	**Theoretischer Hintergrund**	5
2.1	Gender: Strategien und Anwendungen	6
2.1.1	Doing Gender	7
2.1.2	Performing Gender	8
2.1.3	Genderkompetenz	29
2.1.4	Gender Mainstreaming und Diversity Management	29
2.2	**Gendersensible Psychotherapie, Beratung und Supervision**	30
2.2.1	Historische Entwicklung	30
2.2.2	Genderkompetenzen von PBS_innen	32
2.2.3	Gendersensible PBS-Praxis	35
2.2.4	Gendersensible Sprache als Werkzeug	40
2.2.5	Theoriebildung und Qualitätssicherung	41
2.3	**Internetauftritt**	42
2.3.1	Definitionen	42
2.3.2	Die Website als Medium von PBS_innen	43
2.3.3	Website und Sprache	44
3	**Empirische Studie**	49
3.1	Untersuchung 1: Qualitative Diskursanalyse	50
3.1.1	Auswertung, Analyse und Interpretation der Ergebnisse	50
3.1.2	Zusammenfassung	58
3.2	Untersuchung 2: Quantitative Erhebung	59
3.2.1	Quantitative Untersuchungsergebnisse	60
3.2.2	Diskussion und Interpretation	65
4	**Praktische Umsetzungshilfe: Checkliste**	69
5	**Plädoyer**	73
6	**Forschungsdetails**	77
6.1	Forschungsfragen	78
6.2	Erhebungsmethode (U1)	78
6.3	Kodierhandbuch	79
6.4	Analyseraster	79
6.5	Sample (U1)	79
6.6	Generierte Hypothesen	79
6.7	Erhebungsmethode (U2)	81
6.8	Sample (U2)	83

| 6.9 | Datenmatrix und Beschreibung | 83 |
| 6.10 | Kategorienbeispiele (U2) | 83 |

Serviceteil
Glossar ... 90
Literatur ... 91

Abbildungsverzeichnis

Abb. 3.1	Selbstreferenzkategorien	61
Abb. 3.2	Übereinstimmung von Genus & Sexus	62
Abb. 3.3	Personenbezeichnungsformen	63
Abb. 3.4	Inkonsistenzen	64
Abb. 3.5	Gender – Fließtext – Alter	64
Abb. 3.6	Gender – Fließtext – Geschlecht	65
Abb. 6.1	Kodierhandbuch 1	80
Abb. 6.2	Kodierhandbuch 2	81
Abb. 6.3	Analyseraster	82
Abb. 6.4	Datenmatrix	84
Abb. 6.5	Beschreibung zur Datenmatrix	85
Abb. 6.6	Kategorien-Beispiele 1 zur quantitativen Untersuchung	86
Abb. 6.7	Kategorien-Beispiele 2 zur quantitativen Untersuchung	87
Abb. 6.8	Kategorien-Beispiele 3 zur quantitativen Untersuchung	88

Tabellenverzeichnis

Tab. 3.1 Geschlecht und Achtsamkeit   58

Einleitende Gedanken

1.1 Inhaltliche Vorschau – 3

© Springer Fachmedien Wiesbaden GmbH, ein Teil von Springer Nature 2019
J. M. Kero, *Websites geschlechtergerecht und antidiskriminierend formulieren*,
https://doi.org/10.1007/978-3-658-24852-9_1

Männer werden immer richtig eingeordnet, Frauen fast nie, denn in unserer Sprache gilt die Regel: 99 Sängerinnen und 1 Sänger sind zusammen 100 Sänger. Futsch sind die 99 Frauen, nicht mehr auffindbar, verschwunden in der Männerschublade. Die Metapher bewirkt, dass in unseren Köpfen nur Manns-Bilder auftauchen, wenn von Arbeitern, Dichtern, Studenten, Rentnern oder Ärzten die Rede ist, auch wenn jene Rentner in Wirklichkeit überwiegend Ärztinnen oder Rentnerinnen waren.
Luise F. Pusch, feministische Sprachwissenschafterin, Publizistin

Zusammenfassung
Psychotherapeut_innen, Berater_innen und Supervisor_innen arbeiten täglich mit dem wirkmächtigen Werkzeug Sprache und beschäftigen sich, wie auch die hier beschriebene zweiteilige Studie zeigen wird, eher wenig mit dem sprachlichen Genderaspekt. Im folgenden Kapitel erwarten Sie ein paar einführende Gedanken und eine inhaltliche Vorschau über den Themenkreis Performing Gender.

350 vor Christus definierte Aristoteles den Menschen als *zoon logon echon*, als *das* Sprache bzw. Vernunft besitzende Wesen. Sprache ist für uns Menschen sowohl in der zwischenmenschlichen Beziehung als auch im öffentlichen Raum eines der wichtigsten Ausdrucks- und Kommunikationsmittel. Sie transportiert unsere Weltanschauungen und Wertvorstellungen und trägt wesentlich zur Bildung unserer Identität bei. Unser Sprachgebrauch hat Auswirkungen auf unser Denken und Handeln. Sprache erzeugt und festigt Denkmuster, wodurch gesellschaftliche Strukturen geschaffen und bestätigt werden und nimmt damit eine zentrale Rolle bei der Konstruktion, Zementierung und Modifikation (geschlechterbezogener) Wirklichkeiten ein, denn: „Die Grenzen meiner Sprache bedeuten die Grenzen meiner Welt", wie Ludwig Wittgenstein 1918 feststellte.

Obwohl Frauen die Hälfte der Weltbevölkerung stellen, wird der sprachliche Umgang miteinander dieser Realität noch immer nicht gerecht (ganz zu schweigen von jenen Menschen, die sich weder dem einen noch dem anderen Geschlecht zugehörig fühlen). Nur die Anwendung geschlechtergerechter Sprache ermöglicht, dass Frauen und Männer bzw. queere Personen sich gleichberechtigt angesprochen fühlen und von Zuhörenden und Lesenden gleichermaßen mitgedacht werden. Die leider immer noch gängige, unreflektiert praktizierte Nichtbenennung von Frauen (bzw. queeren Personen) in Rede und Text ist demnach diskriminierend. Auch wenn diese Praxis aus dem Grund der besseren Verständlichkeit heraus wohlgesinnt scheint. Das österreichische Bundesverfassungsgesetz verbietet im Artikel 7 (1) jegliche Formen von Diskriminierung aufgrund von Geburt, Geschlecht, Stand, Klasse und Bekenntnis, sexueller Orientierung, Behinderung und den Überschneidungen verschiedener Diskriminierungsformen (Intersektionalität).

Während die Tätigkeit psychosozialer Berater_innen und Supervisor_innen unter dem Begriff *Beratung* subsumiert werden kann, gilt diese Begrifflichkeit für die Psychotherapie nicht, da diese rechtlich zu den Behandlungsformen zählt. Bei Psychotherapie, psychosozialer Beratung und Supervision handelt es sich zwar um professionelle Helfer_innenbeziehungen, die rechtliche Grenze ist jedoch im Wesentlichen an jene zwischen Gesundheits- und Krankheitswertigkeit gekoppelt. Psychotherapie ist laut österreichischem Psychotherapiegesetz 1991 „ein eigenständiges, wissenschaftlich fundiertes Heilverfahren für die umfassende, bewusste und geplante (Kranken-)Behandlung von psychischen, psychosozial oder auch psychosomatisch bedingten Verhaltensstörungen und Leidenszuständen mit wissenschaftlich-psychotherapeutischen

Methoden". Diese rechtliche Abgrenzung zwischen Beratung und Psychotherapie ist wichtig, da sie bei Überschreitungen unterschiedliche Konsequenzen nach sich ziehen. Im Gegensatz zu Berater_innen sind Psychotherapeut_innen für Krankenbehandlungen ausgebildet und befugt und ihre Leistungen werden durch die österreichischen Krankenkassen bezuschusst.

Im Folgenden werde ich in Ermangelung eines für diese drei analysierten Berufsgruppen stimmigen Überbegriffs die Abkürzung **PBS**_innen (**P**sychotherapeut_innen, **B**erater_innen, **S**upervisor_innen) für die Personen und **PBS** (**P**sychotherapie, **B**eratung, **S**upervision) für deren Tätigkeiten anwenden.

Im vorliegenden Buch kommt der *Gender_Gap* bzw. *Unterstrich* zur Anwendung. Dabei wird zwischen männlicher und weiblicher Form ein Gap eingefügt, der buchstäblich einen Raum für Menschen markiert, die sich nicht eindeutig den Kategorien *Frau* und *Mann* zuordnen lassen oder lassen wollen. Er ist eine bisher vorwiegend im universitären Rahmen verwendete Form der sprachlichen Darstellung zur Anerkennung aller sozialen Geschlechter und Geschlechtsidentitäten. Um weiters unmittelbar identifizieren zu können, welches Geschlecht zitierte Personen innehaben, wird der Vorname ausgeschrieben angeführt. *[sic]* markiert die in direkten Zitaten nicht geschlechtergerechten Formulierungen der jeweiligen Autor_innen.

1.1 Inhaltliche Vorschau

Dieses Buch beschäftigt sich mit einem Aspekt von Genderkompetenz, jenem im sprachlichen Ausdruck – *Performing Gender* – und wendet sich an alle im Bereich der psychosozialen Arbeit Tätigen. Es macht sich zur Aufgabe, jenem Personenkreis, deren Einstellungen dazu bisher diskriminierend, der Diskriminierung neutral gegenüberstehend, Diskriminierung vermeidend bzw. schon antidiskriminierend agieren, die (Aus)Wirkungen geschlechtergerechten Sprachgebrauchs nahezubringen und sie einerseits für die Verwendung antidiskriminierender Sprache zu sensibilisieren. Andererseits ist mein Ziel, diesen Personenkreis mittels Theorie und linguistischer Forschungslage (sach)kundig zu machen und zu fundierten Argumenten für antidiskriminierende Sprachhandlungen zu verhelfen.

In ▶ Kap. 2 werden zunächst die für das theoretische Verständnis wichtigen Begrifflichkeiten definiert. Ein Glossar soll das schnelle Verständnis der verwendeten Begriffe erleichtern (▶ Glossar), welche jedoch beim erstmaligen Auftreten im Text sogleich erläutert werden. ▶ Abschn. 2.1.2 widmet sich ausführlich dem Thema Performing Gender: Es wird die historische Entwicklung feministischer Sprachplanung erörtert, die Notwendigkeit antidiskriminierender Sprache beleuchtet und die sprachpolitischen Maßnahmen und Strategien geschlechtergerechten Sprachgebrauchs beschrieben. ▶ Abschn. 2.2 widmet sich der historischen Entwicklung gendersensibler Psychotherapie, Supervision und psychosozialer Beratung. Es wird weiters den Fragen nachgegangen, wie antidiskriminierende Sprache als Werkzeug in PBSsettings zum Einsatz kommen kann, welcher Genderkompetenzen PBS_innen bedürfen, wie gendersensible PBSarbeit in der Praxis aussehen kann und ob die Kategorie Gender durch qualitätssichernde Maßnahmen gestützt bzw. in deren Ausbildungen integriert wird. Da die gegenständliche Studie die sprachliche Gendersensibilität von PBS_innen anhand ihrer professionellen Internetauftritte zur Analyse heranzieht, werden im ▶ Abschn. 2.3 die Begriffe rund um professionelle Internetauftritte beschrieben.

▶ Kap. 3 beschreibt die empirische Studie, die mittels zweier linguistischer Diskursanalysen erfolgte. Die Forschungsfragen wurden in einem ersten Schritt mittels einer qualitativen Erhebung (3.1) beantwortet. In einem zweiten Schritt wurden die daraus generierten Hypothesen durch eine quantitative Erhebung (3.2) geprüft und versucht, repräsentative Aussagen über die Gendersensibilität der PBS_innen zu erhalten. Um einen flüssigen Lesefluss zu ermöglichen, sind für interessierte Leser_innen die wissenschaftlichen Informationen zu meiner Studie im Kapitel Forschungsdetails zu finden (▶ Kap. 6).

Anschließend wird in ▶ Kap. 4 eine *Checkliste zur Erstellung geschlechtergerechter bzw. antidiskriminierender Texte in professionellen Internetauftritten* angeboten, die aus den Erkenntnissen der theoretischen Zusammenschau und den Forschungsbefunden gewonnen wurden. ▶ Kap. 5 widmet sich abschließend einem zusammenfassenden Plädoyer.

Theoretischer Hintergrund

2.1	**Gender: Strategien und Anwendungen – 6**	
2.1.1	Doing Gender – 7	
2.1.2	Performing Gender – 8	
2.1.3	Genderkompetenz – 29	
2.1.4	Gender Mainstreaming und Diversity Management – 29	
2.2	**Gendersensible Psychotherapie, Beratung und Supervision – 30**	
2.2.1	Historische Entwicklung – 30	
2.2.2	Genderkompetenzen von PBS_innen – 32	
2.2.3	Gendersensible PBS-Praxis – 35	
2.2.4	Gendersensible Sprache als Werkzeug – 40	
2.2.5	Theoriebildung und Qualitätssicherung – 41	
2.3	**Internetauftritt – 42**	
2.3.1	Definitionen – 42	
2.3.2	Die Website als Medium von PBS_innen – 43	
2.3.3	Website und Sprache – 44	

© Springer Fachmedien Wiesbaden GmbH, ein Teil von Springer Nature 2019
J. M. Kero, *Websites geschlechtergerecht und antidiskriminierend formulieren*,
https://doi.org/10.1007/978-3-658-24852-9_2

Als eine alte Frau lesen lernte, trat die Frauenfrage in die Welt.
Marie von Ebner-Eschenbach, Schriftstellerin

Zusammenfassung
Das folgende Kapitel beleuchtet zunächst die sprachwissenschaftlichen Grundlagen. Sie werden durch die historische Entwicklung, Forschung und Schlussfolgerungen feministischer Sprachwissenschaft, die in sprachplanerischen Empfehlungen und Leitfäden ihren Niederschlag finden, geleitet. Durch psychokognitive Studien wird begründet, dass und warum geschlechtergerechtes bzw. antidiskriminierendes Sprachhandeln für alle Menschen essenziell wichtig ist. Anschließend wird Ihr Blick auf die Geschichte gendersensibler Psychotherapie, Beratung und Supervision gelenkt und dargelegt, wie die Umsetzung von Performing- und Doing Gender in Beratungs- und Behandlungsprozessen gelingen kann. Abschließend werden Sie über den Internetauftritt als Werbemedium und wie sich der dort verwendete Sprachgebrauch auf potenzielle Interessent_innen auswirkt, informiert.

Zunächst werden die für das weitere Verständnis relevanten Begriffe definiert. Neben Strategien und Anwendungen von Gender, Doing Gender, Genderkompetenz, Gender Mainstreaming und Diversity Management liegt aufgrund des Forschungsinteresses der Fokus vertiefend auf Performing Gender.

2.1 Gender: Strategien und Anwendungen

Die Widersprüchlichkeit, dass es zu Diskrepanzen zwischen der *offensichtlichen* Körperform von Menschen und dem, welchem Geschlecht sie sich jeweils selbst zugehörig empfinden (Transsexuelle, Intersexes), kommen kann, wurde seit den 60er Jahren mit der Unterscheidung zwischen *Sex* und *Gender* zu fassen versucht:

» Gender bezeichnet die Ausformung dessen, wie Geschlecht in einer bestimmten Kultur, in einer konkreten historischen Situation allgemein interpretiert und gelebt wird bzw. gelebt werden soll. Der Begriff umfasst den Bereich der kultur-, schicht- und milieuspezifischen Normierung von Lebensentwürfen und Verhaltensweisen (Carmen Tatschmurat, 2004, S. 231).

Gender beschreibt die Geschlechtsidentität und die Rollenzuschreibungen[1] und ermöglicht damit, als spezifisch *weiblich* und *männlich* wahrgenommene Handlungs- und Bewältigungsstrategien auf Sozialisation und geschlechtshierarchische Arbeitsteilung zurückzuführen[2]. Denn, dass Menschen unterschiedliche geschlechtliche Körper haben, bedingt nicht notwendig eine hierarchisierte Ordnung. Neben Alter, Ethnizität und Schicht gehört Gender zu den zentralen gesellschaftlichen Strukturierungskategorien: Menschen können sich nicht nichtgeschlechtlich verhalten[3].

Während *Gender* als soziale Konstruktion gilt, die gesellschaftlich bedingt und daher veränderbar ist, wird *Sex* als das biologische und vermeintlich *natürliche* Geschlecht bezeichnet, das als relativ unveränderliche Tatsache betrachtet wird. Untersuchungen zeigen jedoch, dass eine eindeutige Geschlechtsdefinition nicht immer existiert[4]. Eine überwiegende Mehrheit von Menschen empfindet ihren Sexus als eindeutig *männlich* bzw. *weiblich*. Die Natur gibt jedoch nicht immer eindeutig vor, welchem Geschlecht ein Mensch sich zugehörig fühlt, denn es existieren *Zwischenformen*, in denen Chromosomen, Keimdrüsen, innere oder äußere Geschlechtsorgane nicht *zusammenpassen*. Das

2.1 · Gender: Strategien und Anwendungen

bedeutet: ein *genetischer* Mann kann in einem *anatomisch* weiblichen Körper stecken. Kritiker_innen stellen jedoch infrage, ob aufgrund der Existenz von Zwischenformen zwischen beiden Geschlechtern, die Bedeutung der biologisch begründeten Zweigeschlechtlichkeit (Binarität) des Menschen grundsätzlich zu bezweifeln ist. Die Einteilung von Menschen in zwei Geschlechter missachtet jedenfalls diejenigen, die sich nicht eindeutig einer der beiden Kategorien, männlich und weiblich, zuordnen, dazu zählen intergeschlechtliche, zwischengeschlechtliche und queere Personen.

2.1.1 Doing Gender

In der Ethnologie bzw. der Frauen- und Geschlechterforschung wird der Prozess der Genderinszenierung als *Doing Gender* bezeichnet[5]. Sozialkonstruktivistische Annahmen gehen von einer prozesshaften Herstellung von Mann- und Frausein in jeder Interaktion aus, wobei die eigene und die Geschlechtlichkeit des Gegenübers permanent und wechselseitig inszeniert werden[6]. Die soziale Geschlechtszuordnung wird einerseits durch das entsprechende biologische Geschlecht unterstellt und ist andererseits die Handhabung des Verhaltens unter Berücksichtigung normativer Vorgaben und Tätigkeiten, welche der eigenen Geschlechtskategorie angemessen sind. Der Prozess der aktiven Übernahme von Geschlechterzuschreibungen und die eigene aktive Beteiligung werden als *Doing Gender* bezeichnet. Doing Gender ist somit eine immerwährende Praxis von Zuschreibungs- und Darstellungsroutinen, die durch Sozialisation erworben und darüber hinaus verfestigt werden und identitätswirksam sind[7]. Neben dem Verhalten werden auch Dinge und Tätigkeiten, wie Kleidung, Spielzeug, Farben etc. einer Vergeschlechtlichung unterzogen. Was als jeweils *männlich* oder *weiblich* gilt, ist zeit- und kulturgebunden.

Das Konzept des Doing Gender verweist darauf, wie Geschlechtlichkeit bzw. Geschlechtszugehörigkeit alltäglich und von allen Gesellschaftsmitgliedern unter Rückgriff auf bestimmte Inszenierungspraktiken (re)produziert wird[8]. Damit schränkt Gender „die Vielfalt möglicher Verhaltensweisen ein, ordnet sie und bestätigt uns gegenseitig in unseren jeweiligen Identitäten. Damit das reibungslos möglich ist, haben wir ‚Genderskripts, soziale Repräsentationen […]' internalisiert, die uns Handlungsschablonen vorgeben…" (Brigitte Schigl, 2014, S. 93). Doing Gender-Prozesse finden innerhalb des gesellschaftlich definierten binären Systems statt, in dem sich Menschen verorten müssen. „Es ist nicht möglich, ‚neutral' – ohne Verwendung von Männer- und Frauenbildern, Konnotationen von Weiblichkeit und Männlichkeit Psychotherapie oder Beratung durchzuführen"[9]. Es kommen daher – im Sinne des Doing Gender – alle Annahmen zur Geschlechtlichkeit als individuelle und kollektive soziale Repräsentationen in der Psychotherapie und Beratung zum Tragen. Alle am Prozess beteiligten Personen verhalten sich entsprechend der kulturell zugeschriebenen Geschlechterstereotypen. Bezogen auf PBSprozesse bedeutet das: PBS_innen und Ratsuchende nehmen sich unweigerlich als Frauen oder Männer wahr, ordnen sich und einander diesen Schablonen gemäß ein und reagieren entsprechend aufeinander. Hierbei werden auf Handlungsmuster zurückgegriffen, die sich in den jeweiligen Biografien als *weiblich* oder *männlich* ausgeprägt haben. Die Beteiligten präsentieren somit die Gestaltung des eigenen Gender – ihr jeweiliges Frau- bzw. Mannsein – und reagieren auf das des Gegenübers in jeder ihrer Interaktionen[10]. Die sich daraus ergebenden möglichen negativen Einschränkungen und auftretenden Phänomene werden unter den Bezeichnungen Gender Troubles und Gender Bias in den ▶ Abschn. 2.2.3.1 und 2.2.3.2 näher erläutert und beschrieben.

2.1.2 Performing Gender

Performing Gender beschreibt die Sprache als besonderes Instrument der Interaktion und steht daher in den folgenden Unterkapiteln für geschlechtergerechten Sprachgebrauch bei Personenbezeichnungen aus linguistischer Sicht.

> Es ist die Sprache […] in der ein Selbst, ein Ich entsteht – und zwar als jene soziale Singularität, die durch die operationale Überschneidung der rekursiven sprachlichen Unterscheidung, in denen das Ich unterschieden wird, im menschlichen Körper entsteht. Daraus ersehen wir, dass wir in dem Netzwerk der sprachlichen Interaktion, in dem wir uns bewegen, eine andauernde deskriptive Rekursion aufrecht erhalten, die wir unser „Ich" nennen. Sie erlaubt uns, unsere sprachliche operationale Kohärenz zu bewahren sowie unsere Anpassung im Reich der Sprache (Humberto R. Maturana & Franzisco J. Varela, 1987, S. 250).

Sprache ist untrennbar mit der Identität von Menschen verbunden und stellt einen zentralen Bereich im Leben von Menschen dar. Für alle, ob Frauen, Männer oder queere Personen, ist es existenziell wichtig, von anderen differenziert wahrgenommen, beachtet und in ihrer Identität bestätigt zu werden. *Queer* bezeichnet Menschen, die sich nicht eindeutig den Kategorien *Frau* und *Mann* zuordnen lassen oder lassen wollen. Identität ist unter anderem das Ergebnis eines Zusammenwirkens von Identifizierung durch andere und Selbstidentifikation. „Identifiziertwerden ist also die Voraussetzung zur Gewinnung einer Identität, die wiederum die Voraussetzung für psychisches, soziales, wenn nicht sogar biologisches Überleben ist." (Luise F. Pusch, 2013, S. 24). Von Geburt an wird erfahrbar, dass Menschen sich beständig wie Frauen und Männer verhalten und sich einander diese Gegebenheit sprachlich immer wieder bestätigen: sie tun, was sie sagen. Die Sprache selbst lenkt die Aufmerksamkeit auf die Natur der binären Geschlechterordnung, denn durch Kategorien wie androgyn, bi-, trans- oder homosexuell wird stetig auf die Differenz einer Zweigeschlechtlichkeit von *männlich* und *weiblich* als finale Bezugspunkte verwiesen[11].

Der Philosophin Judith Butler zufolge ist es nicht die Biologie, die das Gegensatzpaar männlich/weiblich prägt, sondern die Sprache. Ihre These lautet, dass das Subjekt erst durch die Sprache zur Existenz gebracht wird. Sprache und Sprachverwendung ist an der Identitätsbildung von Personen beteiligt, sie konstituiert sowohl gesellschaftliche Identität als auch die Vorstellung von Selbst und Identität[12]. „Die Genderidentität einer Person oder einer Gruppe von Menschen entsteht erst im Akt der Benennung bzw. wird in ihr geschaffen, indem Menschen durch Sprache adressiert, typisiert und kategorisiert werden." (Lann Hornscheidt, 2013, S. 357). Sprache ist in der Diskussion über Geschlechtlichkeit ein Thema ersten Ranges: „Man denke an die – noch immer – geführten Diskussionen zur Sichtbarmachung von Frauen in der (deutschen) Sprache und Regelungen zum geschlechtergerechten Sprachgebrauch." (Brigitte Schigl, 2012, S. 63). Werden Geschlechter als solche nicht explizit benannt und damit nicht sichtbar gemacht, handelt es sich um eine sprachliche Form von Diskriminierung.

Gegenwärtig besteht die gängige öffentliche Vorstellung von diskriminierendem Sprachgebrauch in deren Individualisierung, denn Diskriminierung wird im Alltagsverständnis auf die Idee einer persönlichen Handlung und bzw. oder einer persönlichen Betroffenheit reduziert. Benachteiligung wird somit nur mit gesellschaftlichen Dimensionen in Zusammenhang gebracht. Dies impliziert die Annahme, dass Betroffene „sich über die ihnen zugefügten diskriminierungen im klaren sein könnten, dass diese klar benennbar, greif- oder fassbar wären […] in allen diesen dimensionen wird […] die

2.1 · Gender: Strategien und Anwendungen

soziale dimension, die diskriminierungen zu strukturellen diskriminierungen macht, in mehrfacher weise ignoriert." (Lann Hornscheidt, 2012, S. 140). Benachteiligung und entwürdigende Behandlung wird dadurch zum Problem einzelner Frauen gemacht.

Seit einigen Jahren scheint es unter erfolgreichen und jüngeren Frauen, vor allem unter solchen mit mittlerem und höherem Bildungsniveau, wieder modern geworden zu sein, sich von feministischen Anliegen mit der Begründung zu distanzieren, dass sie sich persönlich nie benachteiligt oder schlecht behandelt gefühlt haben. Diese Tendenz inkludiert unter anderem auch die abnehmende Verwendung geschlechtergerechten Sprachgebrauchs. Spätestens wenn diese Frauen Mütter werden, Angehörige pflegen, in den Beruf wieder einzusteigen versuchen, sich für höhere Positionen bewerben oder sich über den jährlichen *Global Gender Gap Report* informieren, zeigt sich, dass die Gleichberechtigung und Gleichbehandlung noch längst nicht in allen Bereichen umgesetzt ist. In einem Interview mit der österreichischen Journalistin und Autorin einiger Bücher über das Internet in einer österreichischen Zeitung[13] kritisiert Ingrid Brodnig[14], dass selbst eine Google-Suche diskriminierend sein kann: „Userinnen wurden zum Beispiel seltener Trainings für Spitzenjobs als Werbung angeboten; das ist ein Problem, wenn ich als Frau nur Werbung für Billigjobs bekomme, Männer aber jene für Top-Jobs. Das ist algorithmische Diskriminierung."

Da diesbezüglich jedoch die Forderung nach Chancengleichheit gilt, werden Erfolge bzw. Misserfolge individualisiert und nicht auf strukturelle Bedingungen zurückgeführt, die als Grundlage für individuelle Gewalthandlungen angesehen werden kann. Gewalt gegen Menschen wird als eine komplexe Form der Verletzung der körperlichen und seelischen Integrität definiert. Dazu zählen alle Formen physischer, psychischer und sexualisierter Gewalt, aber auch ökonomisch-finanzielle, soziale und sprachliche Diskriminierung. Das gesellschaftliche Machtungleichgewicht zwischen den Geschlechtern spiegelt sich auch in der Gewalt wider, welche Frauen im sozialen Nahraum erleben und wo sie am häufigsten Opfer von Gewalt werden[15]. Gewalttätiges Verhalten wird bewusst oder unbewusst zur Ausübung von Macht und Kontrolle eingesetzt und geht mit ausgeprägten männlichen Anspruchshaltungen und Dominanzvorstellungen einher. Individuelle Gewalt gegen Frauen ist daher abhängig von kulturellen und strukturellen Geschlechtervorstellungen und kann als ein strukturelles Bedingungsmerkmal für Gewalt von Männern gegen Frauen ausgemacht werden. In marginalem Ausmaß werden auch Frauen zu Täterinnen.

Ein konkreter Hinweis auf einen altersbezogenen Unterschied hinsichtlich der Verwendung des generischen Maskulinums findet sich in der Studie von Juliane Schröter, Angelika Linke und Noah Bubenhofer (2012). Diese zeigt, dass die Gruppe der unter 25-Jährigen die generische Funktion des Maskulinums weit häufiger annehmen als die Gruppe der über 25-Jährigen. Das generische Maskulinum wird von den Jüngeren als Bezeichnung für Personen beiderlei Geschlechts, von gemischten Gruppen und von Personen unbekannten und unspezifischen Geschlechts als geeignet empfunden und verwendet. Diese Doppeldeutigkeit des generischen Maskulinums führt dazu, dass Männer sich ihrerseits problemlos in diese Formen einlesen und sich in ihnen wiederfinden können, alle anderen jedoch immer aufs Neue überlegen müssen, ob sie konkret mitgemeint sind. Bezogen auf die westliche Gesellschaft wird in diesem Zusammenhang auch von einer *androzentrischen Norm* gesprochen, die den Mann als menschliche Norm, also den *prototypischen Menschen,* ansieht[16].

Der Begriff Androzentrismus wurde erstmals von Charlotte Perkins Gilman 1911 in ihrem Buch *The Man-Made World or Our Androcentric Culture* geprägt. Dieser Maßstab wird mehrfach in verschiedenen Studien offenkundig und spielt als *MAN-Prinzip,* Male-As-Norm, bzw. Gender Bias (▶ Abschn. 2.2.3.2) auch weiterhin eine zentrale Rolle. Die gesellschaftliche Wirklichkeit, in der Frauen die Hälfte der Bevölkerung stellen, spiegelt sich in der Sprache nicht wider, wenn von *Psychotherapeuten, Supervisoren, Patienten* oder *Klienten* die Rede ist.

> frauen, die sich durch maskuline formen *nicht* bestätigt und identifiziert fühlen können, die sich als ausgeschlossen und nicht beachtet wahrnehmen, wird demnach ein ernsthafter schaden zugefügt; sie erfahren personale gewalt. begründet und legitimiert wird dies durch die geltende sprachnorm, die ungeachtet der prototypenstruktur der maskulinen formen deren generischen gebrauch gestattet. die sprachnorm selbst ist daher subjekt struktureller sprachlicher gewalt. sie ist zudem sexistisch, da sie die einschränkung, ‚sich nicht mitgemeint zu fühlen', ausschließlich frauen zumutet. indem sie den generischen gebrauch femininer formen ausschließt, sichert sie, dass sich männer immer dann, wenn sie ‚gemeint' oder ‚mitgemeint' sind, auch tatsächlich identifiziert fühlen können oder aber unter verweis auf die geltende sprachnorm ‚berechtigten' protest einlegen dürfen (Karsta Frank zit. nach Lann Hornscheidt, 2012, S. 216).

Die feministische Sprachkritik sucht nach Wegen, Frauen sprachlich sichtbar zu machen. Dementsprechend ist das Bilden und Schaffen weiblicher Personenbezeichnungen ein zentraler Punkt feministischer Sprachpolitik. In der deutschen Sprache werden vorhandene maskuline Bezeichnungen *moviert*, um feminine Personenbezeichnungen zu bilden. *Movierung* bzw. *Motion* beschreibt sprachwissenschaftlich die Überführung einer Personenbezeichnung von einer Genusklasse in die andere. Prinzipiell kann in beide Richtungen moviert werden – feminin zu maskulin (z. B.: die Hex*e*, der Hex*er*) wird allerdings ob der altertümlichen Wirkung häufig vermieden.

Beispielhaft ist die Wahl der Berufsbezeichnung für männliche Hebammen: Während in Deutschland ein neues Wort gebildet wurde, nämlich *Geburts- bzw. Entbindungshelfer* bleibt in Österreich die Bezeichnung *die Hebamme* für beide Geschlechter erhalten, wobei prinzipiell auch die Maskulinmovierung *der Hebammer* möglich wäre. Obwohl vonseiten der Hebammen diese österreichische Version eine Erfolgsgeschichte ist, da eine jahrhundertealte weibliche Berufsbezeichnung erhalten bleibt, verdeutlicht dieses Beispiel, dass das männliche Prinzip die Sprache dominiert und das maskuline Genus zur Norm erhoben wird[17], da Maskulinmovierungen als seltsam empfunden werden. Die Femininmovierung, allen voran die Movierung mit dem Suffix -in, erweist sich im Deutschen als die produktivste, z. B.: Psychotherapeut, Psychotherapeut*in*.

Die Diskussionen über die Bildung und Verwendung von Personenbezeichnungen werden seit den 1980er Jahren überaus kontrovers geführt. So schlug das 2011 gegründete *Komitee 045 des Austrian Standards Institute* vor, in einer ÖNORM zu geschlechtergerechtem Sprachgebrauch die Rückkehr zum generischen Maskulinum zu verordnen, wogegen sich enormer Widerstand bildete. Die Auseinandersetzungen lassen Auswirkungen bei sprachpolitischen Maßnahmen im öffentlichen Bereich, wie bei Formularen, Stellenanzeigen oder Gesetzestexten, erkennen. Zu den herausragenden Errungenschaften der feministischen Sprachkritik zählt die Einführung geschlechtergerechter Berufstitel und Personenbezeichnungen. Diese Neuregelungen hängen maßgeblich von den gesellschaftlichen Machtverhältnissen ab, denn ob Frauen bei Berufsbezeichnungen explizit erwähnt werden, hängt mit dem Interesse zusammen, sie (und sich) sichtbar zu machen. Manche sehen im geschlechtergerechten Sprachgebrauch eine *Modeerscheinung*, die ihren Zenit bereits überschritten hat, andere wiederum eine *Erfolgsgeschichte* feministischer Sprachkritik[18]. Diese Entwicklungen verdeutlichen, dass

Sprache kein starres Gefüge ist, sondern sich in permanentem Prozess befindet. Der Wortschatz, der Gebrauch von Wörtern und Grammatik erleben einen stetigen Wandel.

In obiger Einleitung wurde die Relevanz von Sprache für die Wahrnehmung und Konstruktion von Geschlechtlichkeit erörtert und deren entscheidende Bedeutung für die Identitätsbildung von Menschen beleuchtet. Personenbezeichnungen stellen eine sehr konkrete Schnittstelle zwischen Sprache und Identität dar und stehen daher im Brennpunkt jener sprachpolitischen Überlegungen und Umsetzungen, die im ▶ Abschn. 2.1.2.5 noch detailliert ausgeführt werden. Die feministische Sprachkritik kritisiert den Gebrauch des generischen Maskulinums als androzentrische Norm und argumentiert, dass diese Form nicht geschlechtergerecht sein kann, da Frauen sich durch diese nicht gemeint und explizit benannt fühlen können. Um geschlechtergerechte Sprache adäquat und nachhaltig zu etablieren, ist es erforderlich, ein Bewusstsein dafür zu schaffen. Der folgende Blick in die Geschichte zeigt die Entwicklung von der anfänglichen Frauen- zur heutigen Genderbewegung.

2.1.2.1 Geschichte und Entwicklung feministischer Sprachplanung

Im Jahr 1980 erschienen die ersten *Richtlinien zur Vermeidung sexistischen Sprachgebrauchs* im deutschen Sprachraum[19]. Diese beinhalteten konkrete Vorschläge für sprachliche Änderungen. Seit den 1990er Jahren folgte eine Vielzahl an Untersuchungen und Studien von Sprachwissenschafter_innen (▶ Abschn. 2.1.2.6).

Das Thema *Frauensprache* wurde 1979 durch die Arbeiten der Sprachwissenschafterinnen Luise F. Pusch und Senta Trömel-Plötz in die deutschsprachige Linguistik eingeführt. Frauenbewusste Frauen begannen im deutschsprachigen Raum – allen voran in der Schweiz – gegen die Dominanz *des Männlichen* in der Sprache unterschiedlichste und kreative Maßnahmen zu ergreifen. Wenige Jahre später war das Thema Frauensprache in der Linguistik und als Forschungsgegenstand an deutschen Universitäten eingeführt. Pusch prägte für diesen neuen Zweig der Sprachwissenschaft den Terminus *Feministische Linguistik,* der auch in Medien, Bildungsinstitutionen und der Politik reges Interesse fand. „Feministische Linguistik entstand, als bestimmte Linguistinnen feministische Ideen auf ihre eigene Wissenschaft anwendeten", so Senta Trömel-Plötz (zit. nach Kristina Reiss, 2008, S. 742).

Im Zentrum des Interesses feministischer Sprachwissenschaft stand die Kritik an expliziten und impliziten sprachlichen Diskriminierungsstrategien. Ihre sprachplanerischen Vorschläge (▶ Abschn. 2.1.2.7) führten zu intensiven Auseinandersetzungen mit der Erforschung der psychokognitiven Wirkung des generischen Maskulinums und der kognitiven Verarbeitung geschlechtergerecht formulierter Texte[20].

Gesellschafts- und sprachpolitisch rücken seit den späten 1990er Jahren zunehmend queere Positionen in den Fokus. Als konsequente Weiterentwicklung feministischer Forderungen nehmen sich diese der Problematik von Identitäten im Allgemeinen, und von Geschlechtsidentitäten im Besonderen an. Geschlechtsidentität kann folglich nicht mehr als etwas Eindeutiges, Geradliniges und Widerspruchsfreies, sondern muss als dynamisches Geschehen verstanden werden[21]. Die Diskussionen um die soziale Konstruktion von Geschlecht und die Kritik an der Zweigeschlechtlichkeit in der Frauenforschung wirkten auch auf die Frauenbewegungen ein. War in der zweiten Frauenbewegung die gemeinsame sexuelle Identität grundlegend sowohl für ihre Mobilisierung als auch für die zentrale Annahme, dass es lediglich zwei Geschlechter gibt, so fordern die aktuellen Queer-Ansätze Gleichheit auf der Grundlage eines inklusiven

Ansatzes von Bürger_innenschaft. Nicht nur die Anerkennung von Verschiedenheit, sondern eine Aufhebung des Geschlechts als kollektive Zwangszuschreibung – *gender-free* – wird gefordert[22]. Vertreter_innen der Queer-Theorien kämpfen für eine Anerkennung geschlechtlicher Diversität, betonen die Prozesshaftigkeit von Identitäten und sind an der Dekonstruktion von Geschlecht interessiert[23]. Rachel Mattson[24] äußerte bereits 1999, dass das System, welches nur männlich und weiblich kennt, ausgedient hat.

Die dritte Frauenbewegung der späten 1990er Jahre und die künftige linguistische Genderforschung zielt auf die Analyse individueller Verhaltens- und Handlungsweisen in ihrer Vielschichtigkeit und Widersprüchlichkeit ab[25]. Durch das bewusste sprachliche Sichtbarmachen der Vielfalt von Geschlechtsidentitäten können einzelne Personen in ihrer eigenen anerkannt, und gesellschaftliche Diskurse über Gender – Performing Gender – beeinflusst werden. Durch geschlechtergerechte Benennungen haben alle Geschlechter die gleiche Chance auf *Gemeintsein*. Surur Abdul-Hussain[26] ist überzeugt: wenn wir „alle Geschlechtsidentitäten sprachlich respektieren, können wir das generische Maskulinum nicht einsetzen […]. Denn unser Gehirn kann die wahrgenommene Sprache nicht ‚mitmeinend' übersetzen". Die Autorin gibt weiters zu bedenken, dass Texte und Reden durch gendersensible Sprachformen allein noch nicht gendersensibel sind. Auch gilt es, von stereotypisierenden und diskriminierenden Darstellungen, Beschreibungen und Redewendungen Abstand zu nehmen. Sprachliche Diskriminierung kann explizit mittels Schimpfwörtern, sexistischen Witzen, rassistischen, antisemitischen oder abwertenden Äußerungen (frustrierte Emanze, Milchmädchenrechnung) anderen gegenüber stattfinden. Sie kann aber auch implizit sein, indem Personengruppen systematisch nicht erwähnt werden (Frauen bzw. queere Personen), oder indem von ihnen als *Objekt* gesprochen wird, wie im Zusammenhang mit einem Krankenhausaufenthalt, wo eine Person als *Fall* entpersonalisiert wird. Eine erniedrigende Sprachhandlung wäre, wenn einer Frau, einem Mann aufgrund des Geschlechts unterstellt wird, etwas nicht tun zu können: Glühbirnen wechseln bei Frauen, Windelwechseln bei Männern. Geschlechterstereotype sind „kognitive Strukturen, die sozial geteiltes Wissen über die charakteristischen Merkmale von Frauen bzw. Männern enthalten" (Thomas Eckes, 2008, S. 171). Stereotype Darstellungen könnten demnach *Frauen sind das schwache, Männer das starke Geschlecht* sein.

Der Blick auf die historische Entwicklung feministischer Linguistik verdeutlichte, wie aus der zweiten Frauenbewegung, die sich anfänglich für die sprachliche Gleichstellung von Frauen einsetzte, eine Genderbewegung wurde, die sich für die Gleichstellung aller Geschlechter engagiert.

2.1.2.2 Geschlechtergerechter Sprachgebrauch als Notwendigkeit

Seit den 1980er Jahren bemühen sich Vertreter_innen der feministischen Sprachpolitik im deutschen Sprachraum um eine sprachliche Gleichstellung von Frauen, Männern und queeren Personen, welche unbestritten noch nicht erreicht wurde.

Pusch machte schon 1984 darauf aufmerksam, dass die deutsche Sprache bewusst veränderbar ist, wenn der erste Schritt der Bewusstwerdung darüber, dass sie *patrifiziert* ist, vollzogen wurde. Nach dieser Erkenntnis schien es Pusch nur logisch, das „angewachsene Eigene als mir letztlich Übergestülptes, Fremdes zu erkennen […] Brauchbares von dem Fremden beizubehalten und Unbrauchbares, Schädliches durch wirklich Eigenes […] zu ersetzen" (Luise F. Pusch, 2013, S. 82). Denn Sprache, so Professecs (-ecs ist eine Abkürzung für *exit gender*) Lann Hornscheidt, ist kein bloßes

2.1 · Gender: Strategien und Anwendungen

Kommunikationsmittel, das auf neutrale Weise Informationen transportiert, sondern immer auch eine konkrete Handlung. Sprache, und gleichbedeutend wird Sprachhandlung verstanden, ist eine zentrale Handlung zur Herstellung von Wirklichkeiten.

> » die weise, wie diskriminierungen sich auch in und durch sprachliche handlungen realisieren, manifestieren, re_produzieren und auch durch diese herausgefordert werden können, ist weder einfach noch eindeutig, monokausal oder monodirektional. und genausowenig sind strategien zu sprachlicher veränderung einfach oder monodirektional, sondern komplexe situative handlungsformen, die eine vielzahl unterschiedlicher faktoren, bedingungen und überlegungen berücksichtigen müssen (Lann Hornscheidt, 2012, S. 48).

Sprachliche Diskriminierungen können direkt und explizit, indirekt und implizit sein oder über Verallgemeinerungen und Vereinnahmungen stattfinden[27]. Mit Sprache und Sprachhandlungen werden automatisch soziale Normen aufgerufen. Diese bilden gesellschaftliche Grundlagen und beeinflussen unser alltägliches Denken und Handeln. So können Diskriminierungsformen aufgerufen und immer wieder bestätigt werden. Diskriminierungen finden auch durch Nicht-Erwähnungen statt, beispielsweise durch das *nicht explizit machen* von Personen oder Personengruppen und die damit vollzogene Normierung. Wenn Frauen durch Nicht-Benennung sprachlich unhörbar und unlesbar sind, wird diese Norm generalisiert. Nichtnennung ist daher eine aktive Handlung[28].

Aufgrund der sprachlichen Unterrepräsentation finden Frauen weniger Identifikationsmöglichkeiten vor als Männer, da sich durch die Verwendung des generischen Maskulinums subtil konkrete Benachteiligungen für Frauen ergeben. Selbst in überwiegend von Frauen besuchten Studiengängen finden sich immer noch Studientexte und Lehrbücher, die ausschließlich im generischen Maskulinum verfasst sind. Das generische Maskulinum behindert hier eine Identifizierung mit Inhalten, die durch geschlechtergerechte Sprache besser unterstützt werden könnte[29]. Daher ist Sprache unumstritten ein elementarer Beitrag zur Förderung der tatsächlichen Gleichstellung von Menschen jedweden Geschlechts. In einer sich zur Gleichbehandlung bekennenden Gesellschaft müssen konsequenterweise alle Geschlechter sprachlich zum Ausdruck kommen.

Der Österreichische Frauenring (2014), die Dachorganisation österreichischer Frauenvereine, identifiziert geschlechtergerechte Sprache als wichtigen Baustein der gelebten Gleichbehandlung von Menschen, denn *Sprache macht sichtbar*. In diesem Sinne werden Texte als geschlechtergerecht bezeichnet, sofern alle Personen, also Frauen, Männer und queere Personen, sprachlich wahrnehmbar gemacht werden und sich Leser_innen und Zuhörer_innen gleichermaßen angesprochen fühlen. Geschlechtsspezifische sprachliche Asymmetrien werden dadurch abgebaut und Diskriminierungen vermieden.

Sprache erzeugt durch persönliche und gesellschaftliche Sozialisation geprägte Bilder. Sie bildet nicht nur Vorstellungen von Einzelnen über Personengemeinschaften bis hin zu Gesellschaften ab, sondern kann diese auch beeinflussen. Sprachgebrauch bildet Bewusstsein und spiegelt dieses wider. Die Wechselwirkung von Sprache und Denken wurde vielfach untersucht und bestätigt. „Es ist ja nicht so, dass wir erst denken und dann versuchen, dieses Denken in Worte zu fassen. Wir denken schon in unserer Sprache,…", so die Sprach- und Kognitionsforscherin Elisabeth Wehling[30]. Mit jedem Wort wird eine Fülle von Zuschreibungen, die aufgrund der eigenen Welterfahrung mit dem jeweiligen Wort in Zusammenhang steht, aktiviert. Dieser Prozess wird als *Framing* bezeichnet. Frames sind Deutungsrahmen, die durch Erfahrungen mit der Welt entstehen. Sie werden durch Wörter aktiviert und helfen, Fakten zu bewerten und einzuordnen. Kein Wort kann außerhalb von Frames gedacht, gesprochen und verarbeitet werden. Diese über die Sprache aktivierten Frames nehmen direkten Einfluss auf das Handeln. Durch das Hören von Worten werden neuronale Schaltkreise, die sowohl die Worte als auch die dazugehörigen Konzepte symbolisieren, im Gehirn aktiviert (Embodied Cognition). Je öfter Worte oder Sätze gehört werden, die bestimmte Ideen miteinander assoziieren, desto selbstverständlicher wird diese Assoziation Teil des alltäglichen Denkens und formt langfristig die eigene Wahrnehmung. Bei diesen Vorgängen wird von Neuronenclustern im Gehirn durch wiederholte Erfahrungen gesprochen. Sprache kann daher als privilegierter Ort der Konstitution von Wirklichkeit betrachtet werden[31]. Sie ist demnach nicht das Abbild einer gegebenen Wirklichkeit, sondern sinn- – und damit ordnungsstiftend, d. h. welterzeugend.

Dieses Unterkapitel verdeutlicht, dass Sprache gleichermaßen wie Handlung wirkt und Frauen dementsprechend durch sprachliche Diskriminierungen subtile, aber konkrete Benachteiligungen erfahren. Als logische Konsequenz wurde die Notwendigkeit geschlechtergerechten Sprachgebrauchs als ein wesentlicher Beitrag zur Gleichstellung von Frauen, Männern und queeren Personen im Denken und Handeln abgeleitet. Feministische Sprachwissenschafter_innen haben sich dem Vorantreiben dieses Anliegens verschrieben und aufgezeigt, dass geschlechtergerechte Sprache eine Angelegenheit von entscheidender politischer Bedeutung ist, wie das folgende Kapitel zeigt.

2.1.2.3 Geschlechtergerechte Sprache als Politikum

Die Beschäftigung mit feministischer Linguistik hat weitreichende politische wie auch gesellschaftliche Konsequenzen, die jede einzelne Frau in ihrem privaten und Berufsleben betreffen, denn „Sprache ist niemals neutral, sondern stets ein Politikum. Was und wie gesprochen wird, ist von besonderer Bedeutung, da Sprache stets gesellschaftspolitisches Handeln ist. Sprachkritik und Empathie, d. h. ein zunehmend kritisch-intensives Wahrnehmen und bewusst-reflektiertes ‚Erleben' von Sprache und Sprachhandlungen, werden zu Strategien der Infragestellung gesellschaftlicher wie genderspezifischer Hierarchien" (Kristina Reiss, 2008, S. 743).

Sprache wird als Handlung begriffen, folglich kann durch Sprachhandlungen auch Gewalt ausgeübt werden. Aus diesem Grund ist die Auseinandersetzung mit der deutschen Grammatik als Faktor für die fortwährende Geschlechterungleichheit not-wendig, dementsprechend ist geschlechtergerechte Sprache ein Politikum[32]: sie macht Frauen sichtbar und verändert Perspektiven. Kulturelle und Arbeitsleistungen von Frauen sowie ungleiche Bewertung, Behandlung und Bezahlung von Frauen und Männern werden deutlich.

Aus den linguistischen Analysen der sprachlichen Asymmetrien entwickelten sich u. a. politische Forderungen nach geschlechtergerechter Benennung und gleichen Rechten für alle Geschlechter. Die Akzeptanz sprachlicher Änderungen kann folglich als Maß der Demokratie gesehen werden, in der sich lebendige gesellschaftliche Teilhabe realisiert. Sprache ist stets gesellschaftspolitisches Handeln und manifestiert den Status Quo der Geschlechterhierarchie, insofern sie als wirklichkeitskonstruierende Instanz verstanden wird[33]. Sie ist ein prozesshaftes und veränderbares Konstrukt, das Herrschaftsverhältnisse entweder (re-)produzieren oder durch Reflexion und bewussten Umgang abbauen kann – je nachdem, welche Wirklichkeit politisch opportun ist. Denn sie bietet aufgrund ihrer Funktion als Kommunikations- und Interaktionsmittel auch

Möglichkeiten zur missbräuchlichen Machtausübung, zur Diskriminierung und zur (Re-)Produktion von sogenannten -ismen (Rassismus, Sexismus, etc.).

Politisches Ziel des feministischen bzw. Gender-Engagements ist nichts weniger, als Gleichberechtigung und Gleichbehandlung auf allen Ebenen, für alle Geschlechter und Arten der Geschlechtsidentifikation zu erreichen.

Obiges Kapitel widmete sich der geschlechtergerechten Sprachhandlungen als eine Angelegenheit von entscheidender politischer Bedeutung. Das folgende beschäftigt sich ausführlich mit der Kritik von – und an feministischer Linguistik.

2.1.2.4 Feministische Sprachkritik & Kritik an feministischer Linguistik

In ihren Anfängen konzentrierte sich die feministische Linguistik, die sich gegenwärtig zur Genderlinguistik weiterentwickelt, auf die Ausprägungen von *Sexismus* im alltäglichen Sprachgebrauch und identifizierte einen offensichtlichen *Androzentrismus,* der u. a. im generischen Maskulinum als Wesensmerkmal des deutschen Sprachsystems situiert sei. Das generische Maskulinum wird als vorrangigster Sexismus in der Sprache beschrieben[34] und als eine auf das Geschlecht bezogene Benachteiligung und Diskriminierung definiert. Sexistische Sprache zeigt Frauen in geschlechtsstereotypischen Rollen *(Mutter, Hausfrau),* Frauen in Abhängigkeit von Männern *(An Fam. Max Mustermann),* Frauen, deren Leistungen ignoriert werden bzw. Frauen, die mittels Sprache degradiert und auf bestimmte Merkmale und Fähigkeiten *(Sexbombe, Schnitte)* reduziert werden. Sprachlicher Sexismus spiegelt sich jedoch nicht nur in der Anwendung des generischen Maskulinums, sondern, wie schon beschrieben, auch in Redewendungen und Geschlechterrollenzuschreibungen, sowie in infantilisierenden, erniedrigenden und bevormundenden Bezeichnungen wider.

Die zentrale Annahme der feministischen Sprachkritik besteht in einer assoziativen Bindung zwischen grammatischem Genus und *natürlichem Geschlecht,* da bei Personenbezeichnungen Genus und Sexus meist übereinstimmen. Feministische Sprachwissenschaft geht davon aus, dass das Genus hier eindeutig semantische Funktion besitzt und Genus und Sexus eine direkte Zuordnung aufzeigen. Die Frage nach dem Zusammenhang zwischen natürlichem und grammatischem Geschlecht – die Genus-Sexus-Debatte – hat eine lange Tradition in der Sprachphilosophie", wie Dagmar Stahlberg und Sabine Sczesny[35] erläutern und ihr Auftauchen erstmals um 400 v. Christus datieren. Konkret wird in diesem Zusammenhang kritisiert, dass aus der Verwendung des Maskulinums nicht ersichtlich ist, ob Frauen gemeint sind oder nicht, z. B.: *Von Beratern wird Orientierungshilfe erwartet.*

Eines der beständigsten Argumente gegen feministische Sprachplanung besagt, dass durch sie die Tradition von Sprache zerstört und die Freiheit des Sprechens beeinträchtigt wird. Die Umsetzung wird als künstlich, schwierig, lästig und unpraktisch kritisiert, die vorgeschlagenen Änderungen als schwerfällig und unästhetisch empfunden. Menschen, die sich bisher nie um sprachliche Schönheit bemühten, entwickeln hinsichtlich der geschlechtergerechten Gleichstellung plötzlich ein ästhetisches Bedürfnis. Außerdem trügen sprachliche Änderungen, so ein weiterer Vorwurf, nicht zur Gleichberechtigung von Frauen in anderen Lebensbereichen bei[36]. Ästhetische und praktische Gründe können keine Gegenargumente sein, denn: die Verwendung des generischen Maskulinums ist diskriminierendes Sprachhandeln, welches bei den betroffenen Menschen Schäden verursacht. Abgesehen davon sind Frauen und queere Personen gleichberechtigter der Rede und die Sekundenbruchteile für deren Benennung wert.

Da sich Argumente und Gegenargumente in beinahe ritualisierter Weise wiederholen, ist auch der Diskussionsstand festgefahren. Die Sprachwissenschafterinnen Karin Wetschanow und Ursula Doleschal[37] analysierten die Argumentationsmuster der diskursiven Strategien und stellten fest, dass die strategische Abwertung der feministisch motivierten und innovativen Sprachverwendung dazu führt, dass diese pathologisiert und als Krankheit interpretiert wird. Radikale Frauenrechtler_innen betätigen sich als Sprachpolizei, so der Vorwurf, und würden zu sprachlich unkorrekten, hässlichen und unpraktikablen Konstruktionen zwingen. Die in öffentlichen Diskussionen häufig anzutreffende Argumentation, aus Gründen der einfacheren Lesbarkeit nur die maskuline Form zu verwenden, zeigt immerhin, dass zumindest die Notwendigkeit, diesen Umstand argumentieren zu müssen, in diversen Kontexten gegeben ist. Hinzuweisen ist hier auf die Problematik der Freiheit versus der Gerechtigkeit bzw. Gleichheit Einzelner mit diesem Thema umzugehen, denn die Abwägung für oder gegen ist enorm diffizil – diese Gedanken weiter zu vertiefen würde jedoch über Rahmen dieses Buches weit hinausgehen.

Experimente[38] deckten auf, dass die Verwendung der Legaldefinition, welche zu Beginn eines Textes darauf hinweist, dass mit dieser Form im Weiteren auf beide Geschlechter Bezug genommen wird, den paradoxen Effekt hat, dass weibliche Personen im Verlauf des Lesens eher noch weniger mitgedacht werden. Zudem suggeriert diese Floskel, dass die gute Lesbarkeit vorrangig und der Inhalt von untergeordneter Bedeutung ist. Die Frage der Lesbarkeit reproduziert zudem eine Norm und ist damit sexistisch, denn sie ruft eine pseudoneutrale pseudo-allgemeinmenschliche Norm auf, die maskulin ist und reproduziert diese machtvoll[39].

Da sich die linguistischen Modelle und Vorschläge nur langsam wandeln und den sich stetig weiterentwickelnden Gendertheorien hinterherhinken, kommt Kritik an der feministischen Sprachpolitik nicht nur von Gegner_innen des Feminismus, sondern auch aus den eigenen Reihen. Kristina Reiss subsumiert die Meinungen einiger Autor_innen und weist darauf hin, dass sich feministische Sprachkritik in ihr Gegenteil verkehren könnte, sollte sie sich ausschließlich auf den Sprachgebrauch und die Verwendung feministischer Suffixe und Endungen reduzieren, und die Sprachforschung sich im Wesentlichen auf Personenbezeichnungsasymmetrien konzentrieren und begrenzen. Dies garantiere Frauen keineswegs mehr Gesprächsraum, Sichtbarkeit oder Anerkennung. Feministische Sprachkritik setzt gleichermaßen eine biologische und soziale Geschlechterbinarität voraus und rekonstruiert sie damit erneut. Reiss argumentiert dafür, die Aufmerksamkeit auf weitere Inhalte zu lenken und „genderspezifische, -hierarchisierende und- exkludierende, aber auch altersspezifische, kulturell-ethische, soziale, religiöse und weitere Attributionen als bedeutungsvolle und einflussreiche Größen in die Analyse zu implementieren"[40].

In Österreich greifen die aus der feministischen Sprachkritik hervorgegangenen sprachplanerischen Vorschläge aktiv und strategisch in die Sprache und ihren Gebrauch ein und schaffen rechtliche Grundlagen zur Förderung eines geschlechtergerechten Sprachgebrauchs[41]. Die feministische Sprachkritik richtet sich dabei vor allem gegen den *veröffentlichten* Gebrauch sexistischer Sprache in den Massenmedien, denn Frauen wollen angesprochen und explizit benannt werden, um sicherzugehen, dass an sie gedacht wird[42].

Der vorangegangene Abschnitt beschreibt das Interesse der feministischen Linguistik an adäquaten Bezeichnungen für Personen jedweden Geschlechts und identifiziert

Sexismus in der Alltagssprache. Um Frauen und aktuell auch queeren Personen mittels angemessener Sprachformen zu Sichtbarkeit und expliziter Benennung zu verhelfen, stellten sich feministische Sprachwissenschafter_innen die Aufgabe, konkrete sprachplanerische Vorschläge zu entwerfen. Diese werden im ▶ Abschn. 2.1.2.7 ausführlich betrachtet. Der Blick ins folgende Kapitel nimmt die politischen und rechtlichen Aspekte geschlechtergerechter Sprache unter die Lupe.

2.1.2.5 Sprachpolitische Maßnahmen in Österreich

Karin Wetschanow & Ursula Doleschal (2012) lieferten eine Bestandsaufnahme über die feministische Sprachpolitik bis 2011, die hier überblicksmäßig dargestellt wird:

Die erste österreichische feministisch-sprachpolitische Rechtsvorschrift stammt aus dem Jahr 1928 und ist eine Weisung des Bundeskanzleramtes, in der für Amtstitel geregelt wurde, dass bei Beamtinnen die Bezeichnung *Frau* voranzustellen ist. 1980 erging ein Rundschreiben an alle Ministerien mit der Aufforderung, dass Stellenausschreibungen geschlechtsneutral formuliert werden müssen. 1985 wurde dies in einer Novelle zum Gleichbehandlungsgesetz auch für die Privatwirtschaft formuliert. 1986 gab das Bundesministerium für Arbeit und Soziales die ersten Empfehlungen zur Verwendung geschlechtergerechter Sprache in Auftrag. Zehn Jahre später folgten die *Anleitungen zu geschlechtergerechtem Sprachgebrauch* des Frauen- und des Unterrichtsministeriums. Erst zwischen 1986 und 1993 wurden durch mehrere Gesetzesänderungen die Führung von Amtstitel und Verwendungsbezeichnungen für Beamtinnen in der weiblichen Form gesetzlich festgelegt. Zwischen 1990 und 1995 wurden Berufsbezeichnungen für Absolventinnen von Universitätslehrgängen und akademische Grade in weiblicher Form eingeführt und gesetzlich geregelt, wodurch eine weitgehende Sichtbarmachung von Frauen erreicht wurde. Durch die Einführung der englischsprachigen Grade *Bachelor* und *Master* Anfang der 2000er Jahre an den österreichischen Universitäten wurde diese Errungenschaft wieder eingeschränkt. 2001 verpflichteten sich alle Mitglieder der Bundesregierung geschlechtergerechte Sprache zu verwenden. Werden diesen Personen in den Medien allerdings genau zugehört bzw. deren Formulare, Informationsblätter etc. genau gelesen, wird hör- und sichtbar, dass auch diese Verpflichtungserklärungen meist lediglich Lippenbekenntnisse sind.

Mit dem Aktionsplan des Frauenministeriums *Gleichstellung von Männern und Frauen am Arbeitsmarkt* wurde 2010 die Verwendung geschlechtergerechter Sprache auf Schulen, Medien und Wirtschaft ausgeweitet. Im Artikel 7 (2015) der österreichischen Bundesverfassung zur Förderung der Gleichstellung von Frauen und Männern bekennen sich Bund, Länder und Gemeinden zur tatsächlichen und faktischen Gleichstellung von Frauen und Männern.

Bezüglich akademischer Grade, Amts- und Berufsbezeichnungen können diese in der Form verwendet werden, die das Geschlecht der Amtsinhaber_innen zum Ausdruck bringt. Seit längerem wird über die Notwendigkeit der Feminisierung akademischer Grade mit den Argumenten diskutiert, dass einerseits Mag. und Dr. bereits Abkürzungen sind, andererseits durch die Anführung des Vornamens das Geschlecht ohnehin ersichtlich ist und daher in beiden Fällen nicht mehr zu feminisieren ist. ENIC NARIC AUSTRIA, das offizielle Informationszentrum für Fragen der Anerkennung im Hochschulbereich, erstellte auf der Basis der Eintragungsrichtlinien des Bundesministeriums für Wissenschaft und Forschung (2012) eine Empfehlung zur Eintragung akademischer Grade in Urkunden. Im Folgenden werden die für die geschlechtsspezifischen Zusätze relevanten Abschnitte herausgegriffen. Die Rechtsgrundlagen des Österreichischen Studienrechts zum Thema *Führung akademischer Grade*[43] besagen:

- aa. Gemäß § 88 Abs. 1 des Universitätsgesetzes 2002 – UG, BGBl. I Nr. 120/2002, in der geltenden Fassung haben Personen, denen von einer anerkannten inländischen oder ausländischen postsekundären Bildungseinrichtung ein akademischer Grad verliehen wurde, das Recht, diesen in der in der Verleihungsurkunde festgelegten Form zu führen. Die Führung kann auch mit einem geschlechtsspezifischen Zusatz erfolgen.
- bb. Für Inhaber/innen akademischer Grade postsekundärer Bildungseinrichtungen aus EU- und EWR-Staaten gehört dazu gemäß § 88 Abs. 1a UG auch das Recht, die Eintragung in öffentliche Urkunden in abgekürzter Form ohne geschlechtsspezifischen Zusatz zu verlangen.

Die Umsetzung dieser Prinzipien durch die österreichische Gesetzgebung gilt als Teil der offiziellen Sprachpolitik. Laut Website der österreichischen Gleichbehandlungsanwaltschaft *[sic]* unterstützen zahlreiche internationale, europäische und nationale Institutionen die Notwendigkeit sprachlicher Gleichstellung von Frauen und Männern. In ihrer 24. Generalkonferenz 1987 trat die UNESCO mittels einer Resolution konkret und nachdrücklich für einen nicht-sexistischen Sprachgebrauch und die Sichtbarmachung von Frauen in der Sprache ein. Der Rat der Europäischen Union empfahl 1990, Sexismus in der Sprache zu eliminieren. Seither entstand eine Reihe von Richtlinien, die „konkrete Anleitungen geben, wie vorhandene Mittel der deutschen Sprache eingesetzt werden können, um Frauen ‚sichtbar' zu machen, d. h. zu nennen. Es wurden Systeme entwickelt, um die Beidnennungen im schriftlichen Bereich ökonomischer zu gestalten"[44]. Diese Empfehlungen und gesetzlichen Richtlinien zum geschlechtergerechten Sprachgebrauch machen sich allmählich bemerkbar, eine durchgängige Umsetzung ist jedoch noch nicht in Sicht.

In fast allen Medien, wie Zeitungen, Fernsehen und Radio, in Publikationen und wissenschaftlichen Arbeiten, findet weiterhin beinahe durchgehend das generische Maskulinum Anwendung. Daher ist es politisch wichtig und notwendig, sprachliche Gleichbehandlung gesetzlich zu verankern, denn nur so würden weibliche Belange erst in die politische Diskussion gelangen[45]. Beachtenswert ist, dass die Implementierung feministisch-sprachpolitischer Forderungen im deutschen Sprachraum immerhin so weit fortgeschritten ist, dass sie das normative Organ Duden erreicht hat[46]. In „Richtiges und gutes Deutsch. Wörterbuch der sprachlichen Zweifelsfälle"[47] wird den Richtlinien für einen nicht-sexistischen Sprachgebrauch ein ganzes Kapitel gewidmet.

Widerstand gegen den *verordneten* geschlechtergerechten Sprachgebrauch zeigte 2011 das Komitee 045 des Austrian Standards Institute, dessen erklärte Absicht es war, die Verwendung des generischen Maskulinums bei Personenbezeichnungen im Plural als Gender-ÖNORM für den beruflichen Schriftverkehr zu etablieren, weil die Paarform und alternative Formen als zu kompliziert und daher als überflüssig angesehen wurden. Dabei zeigte sich, dass die Etablierung der feministischen Sprachpolitik schon stark in Österreich angekommen ist, denn es folgten massive Proteste von Institutionen und Verbänden gegen dieses Vorhaben, welches damit eingestellt wurde.

> Diese eindeutigen politischen Erfolge und die konkreten sprachlichen Änderungen in der öffentlichen Sprache basieren auf ernsthaften sprachlichen Bemühungen um

2.1 · Gender: Strategien und Anwendungen

> faire, gerechte Benennung von vielen Frauen und Männern, auf einem erhöhten feministischen Bewusstsein und größerer sprachlicher Sensibilität bei Frauen sowohl wie bei Männern (Senta Trömel-Plötz, 2008, S. 749).

Trotz partieller Erfolge in Bezug auf geschlechtergerechte Personenbezeichnungen findet die Transformation von einer generisch maskulinen hin zu einer geschlechtergerechten Sprache nicht nur sehr schleppend statt, sondern lässt gegenwärtig auch rückläufige Tendenzen beobachten. Lann Hornscheidt[48] fällt auf, wie vehement, fortdauernd und stabil eine bestimmte Form sprachlicher Diskriminierung in und über personale Personenbezeichnungen trotz aller sozialen und politischen Bewegungen und Veränderungen ist und befindet dies als aussagekräftig für gesellschaftliche Prozesse, Normierungen und Veränderungen. Sie legt dar, wie zentral Sprachhandlungen sind, da sie trotz aller sonstigen kontinuierlich stattfindenden Sprachveränderungen relativ unbeweglich verharren.

Sprachliche Diskriminierung zeigt ebenso auf, wie stark die Machtverhältnisse gerade über sprachliche Normierungen getragen werden, sodass sie damit die Autorisierung bestimmter Sprachhandlungsvarianten als standardsprachlich konservativ-stabil festhalten und Neuerungen ausgrenzen und abwerten[49]. Im Gegensatz dazu entstehen etwa im Bereich der Social Media laufend neue Begriffe, Ausdrücke und Schreibweisen und werden widerstandslos integriert. Der Gebrauch von Sprache kann als Spiegel der Gesellschaft angesehen werden. „Wenn sich nun das Bild einer frauenfeindlichen Gesellschaft darin widerspiegelt, dann sollte dieser Spiegel zerbrochen werden", schreibt Regula Bühlmann[50] und meint, dass wir eine geschlechtergerechte Sprache brauchen, denn Sprache gibt nicht nur Vorstellungen wieder, sondern kann sie auch beeinflussen.

Konkret beschränken sich die Maßnahmen im Bereich der Gesetzgebung weiterhin auf einige kleinere Teilbereiche, während allgemein gehaltene Forderungen nach einer sprachlichen Gleichbehandlung nur durch unverbindliche Richtlinien und Empfehlungen reguliert werden. Zudem wird deutlich, dass die sprachliche Praxis von einer permanenten Weiterentwicklung gekennzeichnet ist und immer wieder neue Formen und Strategien entstehen. Feministischen Sprachplaner_innen ist an der Eigenverantwortlichkeit beim sprachlichen Handeln gelegen. Die feministische Bewegung entwickelt sich derzeit weiter, weg von der Sichtbarmachung der *Frau* hin zur Dekonstruktion von Geschlecht und der Betonung einer universellen Menschlichkeit.

In obigem historischen Abriss wurden die speziell in Österreich getroffenen detaillierten Maßnahmen, Geschlechtergerechtigkeit in der Sprache zu fördern, zusammengefasst. Die Gesetzgeberin gibt zwar Empfehlungen, jedoch keine rechtsverbindlichen Regeln vor. Daher obliegt es den Bürger_innen eigenverantwortlich, die vielen kreativen Ideen und Umsetzungsstrategien zu nutzen und geschlechtergerecht sprachzuhandeln. Es kann daher gefolgert werden, dass es PBS_innen selbstbestimmt obliegt, ihre Internetauftritte sprachlich geschlechtergerecht zu gestalten. Von welchen sprachlichen Formen sich die Adressat_innen angesprochen fühlen, zeigt im folgenden Kapitel eine Zusammenfassung von Studien, welche die psychokognitiven Wirkungen unterschiedlicher sprachlicher Formen untersuchten.

2.1.2.6 Studien zu psychokognitiven Wirkungen

Chronologisch werden hier sämtliche relevanten Studien vorgestellt, die seit den 1990er Jahren die psychokognitiven Auswirkungen generisch maskuliner und alternativer Sprachformen auf die mentale Repräsentation sprachlich vermittelter Personeninformationen untersuchten.

Manfred Kienpointner[51] zufolge ist die sexistische Grundtendenz in Wortschatz und Grammatik eine unbestreitbare Tatsache. Diese betrifft jedoch nicht das Sprachsystem, welches geschlechtsspezifische und geschlechtsneutrale Ausdrucksweisen im Deutschen ermöglichen würde, sondern die Sprachnorm, also den üblichen Sprachgebrauch mit seinen traditionell vorgegebenen Fixierungen und seiner androzentrischen Perspektive, der dadurch gekennzeichnet ist, dass Frauen abgewertet, nicht explizit genannt oder marginalisiert werden.

Schon 1998 forschte das Team um Friederike Braun zum Thema der psychokognitiven Wirkungen und nahm die Verwendung maskuliner Bezeichnungen als Allgemeinform und deren Folgen in ihren Fokus. Zum damaligen Forschungsstand im deutschen Sprachraum fasste die Forschungsgruppe vier Studien zusammen, deren Ergebnisse eine klare Tendenz zeigten: „Das generische Maskulinum wird nicht geschlechtsneutral interpretiert, sondern verstärkt die Assoziation ‚männlich'"[52]. Basierend auf diesen Ergebnissen ermittelte das Forschungsteam in zwei unabhängigen Experimenten mit jeweils 231 Frauen und Männern, dass die Form der generischen Personenbezeichnungen, wie maskuline Form, Paarform und Neutralisierung, einen Einfluss auf die Höhe des geschätzten Frauenanteils in den zu lesenden Texten hatte. Die Paarform führte zu einer stärkeren Einbeziehung von Frauen, während die neutralen Formulierungen keine Alternative zum generischen Maskulinum darstellten, da sie kaum eine Steigerung der Assoziation *weiblich* bewirkten. Beide Experimente bestätigen somit die Effekte sprachlicher Formulierungen auf die Assoziationen der Proband_innen.

Dagmar Stahlberg und Sabine Sczesny führten 2001 in einer gemeinsamen Studie vier Experimente mit 202 Studentinnen und 200 Studenten durch. Untersucht wurde, ob die verwendeten Sprachvarianten – Paarform, Neutralisierung, generisches Maskulinum, Binnen-I – den gedanklichen Einbezug von Frauen beeinflussen. Es zeigte sich, dass durch die Verwendung des generischen Maskulinums, im Vergleich zu den alternativen Sprachformen, Frauen gedanklich in geringerem Maße einbezogen und repräsentiert wurden. Dieser Befund gilt als gesichert. Hinsichtlich der sprachlichen Alternativen zum generischen Maskulinum war die Verwendung des Binnen-I im Vergleich zur Paarform die überzeugendste Variante für den gedanklichen Einbezug von Frauen. Unabhängig von der Sprachform reagierten weibliche Befragte mit einem stärkeren gedanklichen Einbezug von Frauen als männliche. Möglicherweise reagieren Frauen sensibler auf diverse Sprachformen, da diese für sie mehr Konsequenzen haben könnten. Wurde das generische Maskulinum verwendet, blieb für Frauen unklar, ob sie sich angesprochen fühlen sollen oder nicht. Geschlechtergerechte Sprachformen enthalten einen Hinweisreiz, der eine Reflexion der Geschlechterverteilung initiiert. Es konnte zwar nachgewiesen werden, dass das generische Maskulinum die schnellste Lesezeit ermöglicht, die Interpretationszeit nach der Frage des Geschlechts der bezeichneten Personen dauerte jedoch am Längsten. Alternative Sprachformen bedingen kontrollierte Verarbeitungsprozesse mit der Folge langsamerer Lesezeiten, allerdings ermöglichen sie die schnellsten Interpretationszeiten. Diese Studie legte eine umfangreiche Datenbasis zur Wirkung des generischen Maskulinums im Deutschen vor.

Melanie Greve, Marion Iding & Bärbel Schmusch (2002) beforschten die Umsetzung geschlechtergerechter Formen, indem sie über 11.000 Stellenanzeigen in deutschen Zeitungen nach offenen und impliziten Diskriminierungen aufgrund des Geschlechts untersuchten. Sie fanden zahlreiche Varianten, derer sich die Inserierenden bedienten. Auffallend waren die Bemühungen der Arbeitgeber_innen, beide Geschlechter anzusprechen. Die gebräuchlichste Version war die Sparvariante mit Schrägstrich. Obwohl das Binnen-I platzsparender ist, wurde die Paarform dreimal häufiger verwendet. „Aus unser Sicht stellt die ausgeschriebene Form mit der maskulinen wie der femininen Berufsbezeichnung die ‚gerechteste' Variante dar, denn hierbei tritt keine Person als Kürzel auf"[53].

Das Ergebnis einer Untersuchung von Regula Bühlmann (2002), die die Umsetzung geschlechtergerechten Sprachgebrauchs in 36 Artikeln aus drei verschiedenen Deutschschweizer Tageszeitungen analysierte, zeigte, dass Sexismus in den untersuchten Zeitungen weitgehend von der Oberfläche verschwunden, sexistisches Denken jedoch noch vorhanden ist und sich auch in Zeitungstexten manifestiert. Dort fanden sich am häufigsten Institutions- und Kollektivbezeichnungen (die Regierung) und sehr selten Paarformen. Das Maskulinum wurde oftmals nicht in der Form angewendet, dass klar wurde, ob Frauen und Männer (generisch) oder nur Männer gemeint waren. Daher kann, moniert Regula Bühlmann, diese Form nicht als geschlechtergerechte Lösung bezeichnet werden. „Unter den 36 Artikeln meines Korpus´ hat es keinen einzigen, in dem es nur um Frauen geht, in 16 jedoch geht es mehr oder weniger ausschließlich um Männer"[54].

» Es liegt nun an den Zeitungen, auf eine geschlechtergerechte Sprache hinzuarbeiten und so nach und nach ein Bild einer geschlechtergerechten Gesellschaft zu zeichnen, in der Frauen gleich oft vorhanden sind wie Männer, den gleichen Wert haben und gleich behandelt werden, anstatt durch den Gebrauch generischer Maskulina und durch die suggerierte Gleichsetzung von Mensch und Mann ein Bild zu zeichnen, das der Aktualität hinterherhinkt (Regula Bühlmann, 2002, S. 185).

2007 legte Friederike Brauns Team eine weitere Studie zur Exploration der psycho-kognitiven Wirkung auf Erinnerungsleistungen und zu verschiedenen Merkmalen der Textqualität von geschlechtergerechten im Vergleich zu traditionell formulierten Texten vor. 86 Proband_innen bekamen drei verschiedene Versionen eines fiktiven Medikamentenbeipacktextes zu lesen, die sich durch die Personenbezeichnungen Paarform, Neutralisierung, generisches Maskulinum und Binnen-I unterschieden. Ziel der Untersuchung war, zu ermitteln, wie gut sich die Proband_innen an die Inhalte der Texte erinnerten und wie sie diese in Bezug auf Merkmale der Textqualität, wie Verständlichkeit, Formulierung und Lesbarkeit, bewerteten. Die Ergebnisse zeigten, dass sich die Erinnerungsleistungen bei Frauen und Männern kaum unterschieden und belegten, dass geschlechtergerecht formulierte Texte ähnlich erfolgreich verarbeitet werden konnten wie Texte, die im generischen Maskulinum gehalten wurden. Frauen bewerteten die Textqualität aller drei Varianten im Hinblick auf ihre Verständlichkeit gut. Männer präferierten den generisch maskulin gehaltenen Text mit der Begründung, mit diesem am vertrautesten zu sein. „Nach den vorliegenden Befunden scheint es also nicht erforderlich zu sein, aus Gründen der Verständlichkeit Texte im generischen Maskulinum zu formulieren", schlussfolgern Braun et al.[55].

Allen beschriebenen Studien ist gemeinsam, dass sie den Einfluss geschlechtergerechter Formulierungen auf die mental repräsentierte und verfügbare Personeninformation bestätigten und belegen, dass maskuline Formen Vorstellungen von Männlichkeit massiv fördern und favorisieren. Sie lassen eindrücklich die Wirkung generisch maskuliner Formen selbst auf die eigene Genderwahrnehmung erkennen und sind ein wissenschaftlich verlässlicher Nachweis für die Tatsache, dass generisch maskulin formulierte Texte stärker an Männer denken lassen und signifikant seltener Bilder von beiden Geschlechtern erzeugen[56]. Dessen ungeachtet bestehen weiterhin Bedenken, dass das Lesen geschlechtergerecht formulierter Texte die Verständlichkeit und kognitive Verarbeitung beeinträchtigen.

Während der letzten 15 Jahre, stellten Karin Wetschanow & Ursula Doleschal[57] fest, lassen sich einige allgemeine Tendenzen hinsichtlich der Durchsetzung geschlechtergerechter Sprache beobachten, die auf eine prinzipielle Zunahme des Einsatzes feminin movierter Formen hindeuten. Feministisch gewünschte Personenbezeichnungsstrategien werden als ungewohnt empfunden, das Binnen-I wird als *alternativ* und an politische Ideologien gekoppelt wahrgenommen[58] und bei der Verwendung von Sparvarianten liegt eine Tendenz zum Schrägstrich vor[59]. Neu hinzu kommt die Variante des Gender_Gap mit Unterstrich oder Stern, welcher buchstäblich Raum zwischen weiblicher und männlicher Form schafft und für Menschen steht, die sich nicht eindeutig in die Kategorien *Frau* bzw. *Mann* einordnen lassen oder lassen wollen. Der Gender_Gap stammt aus dem Bereich der Queer-Theorie und ist eine konsequente Weiterentwicklung der feministischen Forderung nach der Dekonstruktion von Geschlecht. Es erscheint jedoch als ein notwendiger erster Schritt, zunächst die sprachliche Anerkennung von Frau und Mann zu erreichen, um danach das System der Zweigeschlechtlichkeit zu überwinden.

Ursula Doleschal publizierte schon 1998 eine der wenigen Studien, die sich mit dem Aspekt des mündlichen Sprachgebrauchs in Medien beschäftigte. Es zeigte sich, dass eine unmissverständliche parallele Verwendung von weiblichen und männlichen Personenbezeichnungen zur Erreichung sprachlicher Gleichstellung nur von einzelnen Personen und eher selten praktiziert wurde. Dieser Aspekt wird in nahezu allen Untersuchungen vernachlässigt. Geschlechtergerechte Sprache scheint sich nach wie vor nicht im Bewusstsein der Sprecher_innen festgesetzt zu haben, demzufolge ist es sehr schwierig, sie konsequent zu gebrauchen.

Der Studienüberblick über die psychokognitiven Auswirkungen generisch maskuliner und alternativer Sprachformen auf die mentale Repräsentation sprachlich vermittelter Personeninformationen bestätigt die Kritik von Frauen, die sich bei der Verwendung des generischen Maskulinums nicht mitgemeint fühlen, ausnahmslos in ihrer Wahrnehmung. Die aktuelle Rückläufigkeit des Engagements in der Anwendung und Einforderung geschlechtergerechten Sprachgebrauchs im schriftlichen wie auch im alltagssprachlichen Bereich – paradoxerweise auch von Frauen – ist bemerkenswert. Wenn PBS_innen in ihren Internetauftritten nicht geschlechtergerecht formulieren, werden sie nicht alle Personen erreichen, die sie mit ihren Werbetexten ansprechen wollen. Hilfe bei der konkreten Umsetzung sprachpolitischer Überlegungen bieten *Leitfäden für geschlechtergerechtes Formulieren,* die seit Mitte der 1980er Jahre kontinuierlich weiterentwickelt werden und als Broschüren zur Verfügung stehen.

2.1.2.7 Strategien geschlechtergerechten Sprachgebrauchs

Die Forderung nach einer geschlechtergerechten Sprache rückt zunehmend ins öffentliche und politische Bewusstsein und findet ihren Niederschlag in der Entwicklung diverser Leitfäden für geschlechtergerechtes Formulieren. Diese empfehlen verschiedene Grundprinzipien und Strategien zum fairen Sprachgebrauch, denn es gibt nicht *die nicht-diskriminierende* Sprache, sondern immer wieder neue und kreative Versuche, sprachliche Gewohnheiten zu irritieren, sprachliche Diskriminierungen wahrzunehmen, anzusprechen und den eigenen Sprachgebrauch zu verändern. Die enthaltenen Empfehlungen wollen einen Beitrag zur sprachlichen Gleichbehandlung aller Geschlechter leisten, sexistische Sprachmuster im Deutschen identifizieren und das Bewusstsein für sprachliche Diskriminierung stärken. Dazu zählen die angemessene Darstellung und

2.1 · Gender: Strategien und Anwendungen

Beschreibung aller Geschlechter und Geschlechtsidentitäten in ihrer Vielfalt (Prinzip der Sichtbarmachung), die gleichwertige Darstellung aller Geschlechter (Prinzip der Symmetrie) und die Wahrung der Genderintegrität im Unterschied zu diskriminierenden oder stereotypisierenden Darstellungen und Beschreibungen[60].

In Österreich wurden im Jahr 1987 die ersten linguistischen Empfehlungen zur sprachlichen Gleichbehandlung von Frauen und Männern formuliert. Seither erarbeiten zahlreiche Organisationen, Institutionen, Ministerien und Behörden Broschüren und Richtlinien und bieten Möglichkeiten an, die zeigen, dass die Bildung weiblicher und neutraler Formen in der Anrede, der Berufsbezeichnung etc. nicht nur möglich ist, sondern dass ihr Gebrauch selbstverständlich werden kann. Sie zeigen auf, dass im Deutschen praktikable Alternativen existieren bzw. ohne große Schwierigkeiten gebildet werden können, die den Prinzipien der sprachlichen Gleichbehandlung folgen.

- **Geschlechtergerechtes Formulieren folgt entlang zweier Grundprinzipien:**
- Prinzip der Sichtbarmachung des Geschlechts: Wo von Frauen die Rede ist, muss dies sprachlich zum Ausdruck kommen. Im Deutschen wird dies durch Feminisierung erreicht, z. B. durch den Gebrauch schon vorhandener feminier Personenbezeichnungen oder deren Neubildung.
- Entsprechend dem Prinzip der Herstellung der Symmetrie bzw. Gleichwertigkeit zwischen den Geschlechtern sind Frauen und Männer gleich zu behandeln, wenn von beiden die Rede ist. Das kann durch geschlechtsneutrale Formen oder die Verwendung der Paarform geschehen, in der ausdrücklich eine feminine und eine maskuline Personenbezeichnung genannt wird. Personenbezeichnungen, die aus Adjektiven oder Partizipien (die Beratenden, die Teilnehmenden) abgeleitet sind, eignen sich im Plural besonders gut für eine geschlechtergerechte Ausdrucksweise.

Um diesen Grundprinzipien gerecht zu werden, gibt es diverse Strategien, die hier präsentiert werden. Anhand von Beispielen wird gezeigt, wie sie gebildet und angewendet werden können. Sie wurden mit Hilfe der Leitfäden des österreichischen Bundesministeriums für Unterricht, Kunst und Kultur (2002), des Bundeskanzleramts Österreich (2012), der Donau-Universität Krems (2011), des Arbeitskreises Gender Mainstreaming (2006) und des Leitfadens von Studierenden (2014) zusammengestellt und durch eine Broschüre der AG Feministisch Sprachhandeln der Humboldt Universität zu Berlin (2014) ergänzt.

In den Leitfäden werden neben der Langform, in der die Personenbezeichnungen ausdrücklich durch eine feminine und eine maskuline Form angeführt werden, auch Sparvarianten bzw. Kurzformen angeführt. Solche Sparvarianten bedienen sich verschiedener orthografischer Zeichen, wie Schrägstrich, Klammern, Binnen-I etc., um sichtbar zu machen, dass Frauen und Männer gleichermaßen gemeint sind. Mittels orthografischer Zeichen, wie dem Unterstich, Stern etc. können allerdings auch alle Geschlechter sichtbar gemacht werden. Im Folgenden werden alle Formen, die in den oben genannten Leitfäden gefunden wurden, angeführt und erläutert.

- **Vollständige Paarform**

Die vollständige Paarform trägt zur Sichtbarkeit und Symmetrie der binären Geschlechterstruktur bei. Die weibliche und männliche Form wird mittels der Konjunktionen *und, oder, bzw.* verbunden und vollständig genannt:

> **Von der Therapeutin oder dem Therapeuten wird Orientierungshilfe erwartet.**

Anstelle der Konjunktion kann auch ein Schrägstrich eingesetzt werden:

> **Von der Beraterin/dem Berater wird Orientierungshilfe erwartet.**

Empfohlen werden diese Varianten für die gesprochene Sprache oder wenn das Vorhandensein von Frauen im gegenständlichen Bereich untypisch ist. Personenbezeichnungen sollen auch in vollständiger Form verwendet werden, wenn die männliche Personenbezeichnung auf -e endet (Experte) oder die weibliche Form einen Umlaut enthält (Ärztin). *Nicht geeignet* ist diese Schreibweise für Beschriftungen aller Art (Tabellen, Diagramme, Abbildungen) und für Texte, die kurz gehalten werden sollen. Gegen diese Form wird argumentiert, dass die Verständlichkeit des Textes leidet und der sprachliche Fluss und die Eleganz verloren gehen. Von feministisch-queerer Seite wird kritisiert, dass durch diese Form die Zwei-Geschlechter-Norm deutlich hervorgehoben und davon ausgegangen wird, dass Zwei-Genderung als feststehende Norm gilt, in der sich Personen ausschließlich als Frauen oder Männer definieren.

Sparschreibung – Variante mit Schrägstrich innerhalb eines Wortes

Die häufigste und zugleich von den amtlichen Rechtschreibregeln abgedeckte verkürzte Form der sprachlichen Gleichstellung der Geschlechter war bisher die Variante mit Schrägstrich und Bindestrich. Hierbei werden die weibliche und die männliche Endung durch einen Schrägstrich getrennt angeführt:

> **Von dem/der Berater/-in wird Orientierungshilfe erwartet.**

Dabei ist zwar der Bindestrich den amtlichen Rechtschreibregeln zufolge nach wie vor vorgeschrieben, allerdings wird aus typografischen Gründen häufig auf ihn verzichtet:

> **Von dem/der Berater/in wird Orientierungshilfe erwartet.**

Für diese Variante gilt, dass pro Wort nicht mehr als ein Schrägstrich verwendet wird. Empfohlen wird, die Reihenfolge der Artikel auf die nachfolgenden Nomen abzustimmen (also etwa nicht: Von der/dem Berater/in). Diese Variante der Sparschreibung hat der Weglassprobe standzuhalten: wird in einem Wort die Endung hinter dem Schrägstrich weggelassen, muss eine grammatikalisch richtige Form stehen bleiben.

Alle Sparschreibungsvarianten tragen zur Sichtbarmachung und Symmetrie der binären Geschlechterstruktur bei, jedoch wird kritisiert, dass die Schrägstrichvariante durch die weibliche Endung wie ein Anhängsel vom Wort abgesondert wird und daher nicht eindeutig zur Symmetrie der Geschlechter beiträgt, wie es beispielsweise das Binnen-I tut. Die Schreibweise, in der die weibliche Endung in Klammern gestellt wird: *Berater(in)* wird in den Leitfäden als ungeeignet beschrieben: Sie lässt Frauen sprachlich und visuell als sekundär erscheinen bzw. als Abweichung von der – männlichen – Norm, da laut Rechtschreibregeln alles, was in Klammern steht, weggelassen werden kann, ohne dass der Inhalt sich verändern würde.

Sparschreibung – Variante mit dem Binnen-I

Bei dieser Version wird im Wortinneren anstelle des Schrägstriches das I (also der erste Buchstabe der weiblichen Endung) groß geschrieben, um zu signalisieren, dass die Personenbezeichnung sowohl auf Frauen als auch auf Männer Bezug nimmt:

2.1 · Gender: Strategien und Anwendungen

> Von dem bzw. der PsychotherapeutIn wird Orientierungshilfe erwartet.

> Von dem/der BeraterIn wird Orientierungshilfe erwartet.

Obwohl sie, laut Duden (Online Wörterbuch), nicht den Rechtschreibregeln entspricht, da die Binnengroßschreibung nach geltender Rechtschreibung falsch ist, hat sich diese Schreibweise durchgesetzt und findet sich in zahlreichen Publikationen. Auch hier ist die Weglassprobe entscheidend: Wird die Endung *in* oder *Innen* weggelassen, muss die übrig bleibende Form ein korrektes Wort ergeben. An allen angeführten Sparschreibungen wird aus queerer Sicht kritisiert, dass sie stärker die Möglichkeit bieten, Vorstellungen von weiblichen Personen aufzurufen und suggerieren, dass es ausschließlich Frauen und Männer gibt. Zudem wird die Vorlesbarkeit in dieser Form verfasster Texte als schwierig kritisiert, da sich eine akustische Dominanz der weiblichen Formen ergibt, indem das Große-I bzw. das Binnen-I als kleines gelesen wird. Hörbar gemacht werden kann die männliche Form hier durch den sogenannten Glottisverschluss – einer kurzen Pause vor dem großen bzw. Binnen- I.

- **Sparschreibung – Variante mit dem generischen Femininum**

Das generische Femininum bevorzugt die diskriminierte weibliche Gruppe und irritiert dadurch diskriminierende Normen. Dies ist eine radikale Variante, um sprachliche Ungleichbehandlung zu lösen. Die Strategie des *unmarkierten generischen Femininums* setzt ausschließlich weibliche Formen der Personenbezeichnung ein und verweist mit einer sogenannten *Legaldefinition* zu Beginn des Textes darauf, dass mit dieser Form im Weiteren auf beide Geschlechter Bezug genommen wird.

> Von Supervisorinnen[1] wird Orientierungshilfe erwartet.

Das *markierte generische Femininum* geht etwas anders vor: Um zu signalisieren, dass die grammatikalisch weibliche Form auf beide Geschlechter Bezug nimmt, werden die weiblichen Formen durch das Binnen-I als generisches Femininum gekennzeichnet, also markiert. Hier entfällt die Weglassprobe:

> Von einer PsychotherapeutIn wird Orientierungshilfe erwartet.

> Von PsychotherapeutInnen wird Orientierungshilfe erwartet.

- **Weitere Strategien der Sichtbarmachung von Frauen**

Ist ausschließlich von Frauen die Rede, werden sie mithilfe weiblicher Artikel und weiblicher Suffixe explizit benannt.
— Artikel: *die* Beratende
— Suffix/Endsilben: Supervisor*in*
— Lexeme (kleinste semantische Einheiten)/*im Wort*: Ob*frau*
— Anpassung des akademischen Grades: bei Abkürzungen kann die weibliche Endung angeschlossen bzw. hochgestellt werden: *Mag.a, Mag.ᵃ*

---

[1] Aus Gründen der leichteren Lesbarkeit gelten feminine Personenbezeichnungen gleichermaßen für Personen männlichen und weiblichen Geschlechts.

▪▪ Komposita

Komposita sind zusammengesetzte Wörter und Ableitungen. In Fachkreisen ist noch umstritten, inwiefern bei deren Verwendung die Forderung des geschlechtergerechten Formulierens erfüllt ist, oder ob nicht auch hier die Personenbezeichnung zu splitten wäre.

> **BeraterInnenpool statt Beraterpool**

▪▪ Neutralisierung

Im Folgenden werden neutralisierende Möglichkeiten der Bezeichnung von Personen beschrieben. Solche Ausdrücke geben keine Auskunft über das Geschlecht der bezeichneten Person und werden daher als *geschlechtsneutral* bzw. *geschlechtsabstrahierend* bezeichnet. Sie tragen (vermeintlich) zur Geschlechtersymmetrie bei und sind mit allen Formen geschlechtergerechten Sprachgebrauchs kombinierbar. Durch Neutralisierungsformen können komplizierte Satzkonstruktionen vermieden werden, jedoch wird empfohlen, die Sichtbarmachung der Neutralisierung vorzuziehen, in jedem Fall aber damit abzuwechseln. Kritisiert wird, dass bei dieser Variante die Existenz von Frauen durch den Einsatz geschlechtsneutraler Begriffe verdeckt wird, da der Text keinerlei Hinweis auf die Geschlechterverteilung in den angesprochenen Gruppen aufweist. Durch Neutralisierung wird kein Beitrag zur Sichtbarmachung der Geschlechter geleistet.

Geschlechtsneutrale Personenbezeichnungen Geschlechtsneutral sind Wörter, die im Singular und Plural keine Geschlechtszugehörigkeit aufweisen: *Mitglied, Lehrperson, Hilfskräfte…*

Funktions-, Institutions- und Kollektivbezeichnungen Diese Bezeichnungen werden anstelle der Person genannt und eignen sich gut für formale Texte, wo die Funktion im Vordergrund steht: *der Vorsitz, die Leitung, das Team…*

Geschlechtsneutraler Plural
- Wörter, die neutral sind: *Leute, Geschwister, Eltern*
- Wörter, die im Plural neutral sind, im Singular jedoch Auskunft über das Geschlecht der bezeichneten Person geben. Sie werden aus Adjektiven oder Partizipien gebildet: *die Beratenden….die bzw. der Beratende.*

Umformulierungen
- Pronomen: *wer, alle, diejenigen, jene…*:
- *Alle, die Hilfe benötigen…* statt *Jeder, der Hilfe benötigt…*
- Passiv statt aktiv:
- *Das Absolvieren der Ausbildung berechtigt…* statt *Die Absolventen der Ausbildung sind berechtigt…*
- Partizip Perfekt: *betreut von* statt *Betreuer*
- Adjektiv statt maskuliner Personenbezeichnung:
- *kollegiale Unterstützung* statt *Unterstützung durch Kollegen*

2.1 · Gender: Strategien und Anwendungen

▪▪ Gender Gap oder Unterstrich

Um die Vielfalt von Geschlechtsidentitäten anzuerkennen und sprachlich zum Ausdruck zu bringen, wurde der Gender_Gap eingeführt. Er stellt eine noch relativ unbekannte Schreibvariante dar und findet vorwiegend in queeren, feministischen und universitären Zusammenhängen Anwendung. Er trägt zur Dekonstruktion des Geschlechts bei und wirkt Genderismus entgegen, indem er über die einseitige Verwendung des Maskulinums und/oder des Femininums hinausgeht. *Genderismus* ist eine Analogiebildung zu Sexismus und meint die Reduktion des Feminismus auf Frauen. Der Gender_Gap markiert buchstäblich einen Raum für Menschen, die sich nicht eindeutig den Kategorien *Frau* bzw. *Mann* zuordnen lassen (wollen), und ist ein Mittel der sprachlichen Darstellung aller sozialen Geschlechter und Geschlechtsidentitäten, um die Vielfalt von Menschen anzuerkennen. Seitens der Dudenredaktion werden die Formen des Unterstrichs bzw. Asterisk nicht empfohlen, da sie vom amtlichen Regelwerk nicht abgedeckt sind. Hörbar gemacht werden kann der Gap durch den Glottisverschluss – einer kurzen Pause zwischen männlicher und weiblicher Variante.

▪▪ Statischer Unterstrich: _
Der Gender_Gap wird zwischen männlicher und weiblicher Form eingefügt:

> der_die Psychotherapeut_in.

▪▪ Dynamischer Unterstrich
Der dynamische Unterstrich wird an beliebiger Stelle und in beliebigen Wörtern eingesetzt, um insbesondere in der schriftsprachlichen Verwendung kritisch auf zweigegenderte Formen zu verweisen und diese Vorstellung in Bewegung zu bringen:

> ei_ne inter_essierte Be_raterin.

▪▪ Stern* oder Asterisk
Der Stern wird in der Informatik als *Wildcard* eingesetzt und dient dort als Platzhaltezeichen für beliebige Zeichen. Die queere Linguistik bedient sich dieser Funktion um auf das Vorhandensein beliebig vieler Geschlechtlichkeiten hinzuweisen. Der Stern signalisiert mit seinen Strahlen symbolisch vielfältige Gestaltungsspielräume von Geschlecht. Er wird an Wörter oder Wortstämme angehängt bzw. anstelle des Unterstrichs eingesetzt:

> der*die Supervisor*in.

▪▪ x-Form
Das *x* signalisiert ein Durchkreuzen herkömmlicher gegenderter Personenvorstellungen:

> Von Therapeutxs wird Orientierungshilfe erwartet.

▪▪ a-Form
Die a-Form greift die Idee einer stärkeren Feminisierung von Sprache auf um mit männlich geprägten Assoziationen zu brechen. Wörter und Phrasen werden durch

a-Endungen umgestaltet und wollen dadurch Wahrnehmungen irritieren. Alle -*er*-Endungen werden durch die Endung *a* ersetzt:

> Von da Berata wird Orientierungshilfe erwartet.

- **Als nicht geschlechtergerechte Formulierungen gelten:**

Generisches Maskulinum
Die Verwendung ausschließlich männlicher Personenbezeichnungen, auch wenn Frauen gemeint sind.

Generisches Femininum
Die Verwendung ausschließlich weiblicher Personenbezeichnungen, auch wenn Männer gemeint sind.

Verwendung des Personalpronomen es
Von der Verwendung des Personalpronomen *es* ist im Zusammenhang mit sächlichen Bezeichnungen für das weibliche Geschlecht Abstand zu nehmen. *Es* ist geschlechtslos, daher gilt es als überholt, bei Mädchen von *es* zu sprechen.

> das Mädchen, die…

Legaldefinitionen/Generalklauseln
Legaldefinitionen weisen am Beginn eines Textes darauf hin, dass nachfolgend aus Gründen der Lesbarkeit nur *eine* Form der Personenbezeichnung gewählt wird, aber stets Frauen und Männer gemeint seien. Diese Formen führen zu unstimmigen Aussagen und widersprechen dem Grundprinzip der Sichtbarmachung der Geschlechter. Nur scheinbar werden damit Frauen und Männer rechtlich gleich behandelt, nicht aber sprachlich, denn diese einmaligen Hinweise geraten bei fortschreitender Lektüre zunehmend in Vergessenheit.

Klischees, Stereotypen und sexistischen Ausdrucksformen
Es ist darauf zu achten, dass keine sprachliche Diskriminierung aufgrund von Geschlecht, Alter, Religion, ethnischer Herkunft, Behinderung, Lebensform und sexueller Orientierung vorliegen.

Verwendung der Silbe man
Das generische Pronomen *man* wird verwendet, um das Geschlecht zu neutralisieren. Durch die meist maskuline Interpretation ist der gedankliche Einbezug von Frauen gering. Analog dazu wurde das künstliche Pronomen *frau* gebildet.

Die bisherigen Ausführungen beschreiben die Bedeutung der Sprache für die Konzeption von Geschlechtlichkeit. Die Kritik an der im Deutschen angeblich vorhandenen generischen Funktion des Maskulinums und die daraus entstandenen konkreten sprachpolitischen Vorschläge wurden diskutiert. Die umfangreiche theoretische Vorarbeit ist unverzichtbar, um herauszufiltern, worauf zu achten ist, wenn im Forschungsteil analysiert wird, welche der empfohlenen Varianten PBS_innen bei der Erstellung ihrer Internetauftritte wählen und damit Einblick geben, ob Gender für sie ein Thema ist oder nicht. Von der Verwendung geschlechtergerechter Sprachformen können Rückschlüsse auf die Bewusstheit in Bezug auf das Thema Gender in der PBSpraxis gezogen werden. Da davon auszugehen ist, dass Gender in der Schriftsprache durch die Möglichkeit der Überprüfbarkeit und Korrektur einfacher zu kontrollieren und gezielter einzusetzen ist als in der gesprochenen Sprache, wird angenommen, dass Personen, die sich bewusst mit der Thematik Gender auseinander gesetzt haben, dies auch in ihre Werbetexte einfließen lassen. Um gendersensible Behandlung und Beratung durchführen zu können, ist es wesentlich, auch die eigene Sprache zu reflektieren.

2.1.3 Genderkompetenz

Das GenderKompetenzZentrum der Humboldt Universität Berlin definiert auf seiner Website[61] Genderkompetenz allgemein als die Fähigkeit von Menschen, bei ihren Aufgaben Genderaspekte zu erkennen und gleichstellungsorientiert zu bearbeiten. Diese allgemeine Definition wird in ▶ Abschn. 2.2.2 als Grundlage zur Erstellung eines Genderkompetenzkataloges für PBS_innen herangezogen und setzt sich aus folgenden Elementen zusammen:

- **Wollen**

Das Wollen bezieht sich auf die Motivation und Bereitschaft, gleichstellungsorientiert zu handeln und damit einen Beitrag zur Umsetzung von Gender Mainstreaming zu leisten. Es bedarf einer individuellen Haltung bzw. eines politischen Willens, potenziellen Diskriminierungen entgegenzuwirken.

- **Wissen**

Das Wissen bezieht sich auf die Kenntnis der Lebensbedingungen von Frauen und Männern, den Auswirkungen von Geschlechternormen und der Verknüpfung mit dem jeweiligen Fachwissen. Genderwissen wird dann zu einem integralen Bestandteil von Fachwissen, wenn die Bedeutung Gender in ihrer Komplexität verstanden wird und grundlegende Erkenntnisse aus den Gender Studies bekannt sind.

- **Können**

Das Können betrifft die Fähigkeiten der handelnden Personen, denen durch die Ressourcen der Organisationen Fortbildungs- und Beratungsangebote zur Verfügung stehen. Um eine Gleichstellungsorientierung im Arbeitskontext zu erreichen, werden Instrumente und Methoden zur Identifizierung von Genderaspekten im jeweiligen Handlungsfeld und Sachgebiet angewendet.

2.1.4 Gender Mainstreaming und Diversity Management

Seit Mitte der 1990er Jahre sind Gender Mainstreaming und Diversity Management neue Konzepte der Gleichstellungspolitik als Folge eines gesellschaftlichen Paradigmenwechsels und basieren auf veränderten Begründungen für die Gleichstellung der Geschlechter.

Gender Mainstreaming bedeutet, dass die unterschiedlichen Lebenssituationen und -interessen von Frauen und Männern als zentrale Aspekte in die Politik einbezogen werden, gilt als Instrument der Qualitätsentwicklung von Organisationen und Wissenschaftsmanagement und ist eine Art *Gleichstellungsverträglichkeitsprüfung* für politisches Handeln. Der international etablierte Begriff wurde vom Österreichischen Bundesamt für Familie, Senioren [sic], Frauen und Jugend (2014) übernommen und beruht auf der Erkenntnis, dass es keine geschlechtsneutrale Wirklichkeit gibt. Das Leitprinzip ist, die unterschiedlichen Lebenssituationen und Interessen von Frauen und Männern von vornherein zu berücksichtigen. Dies verpflichtet die Politik, Entscheidungen so zu gestalten, dass sie zur Förderung einer tatsächlichen Gleichstellung der Geschlechter beitragen und ist seit 1999 mit den Amsterdamer Verträgen in der EU und per Ministerialratsbeschluss seit 2000 in Österreich auf Bundesebene als rechtliche Strategie verankert[62].

Diversity Management bedeutet, dass die Chancengleichheit der Geschlechter als zentraler Aspekt in die Privatwirtschaft einbezogen und zum verbindlichen Teilziel in der Organisationsentwicklung gemacht wird. Die Vielfalt soll dabei akzeptiert und genutzt werden, ohne die Unterschiede zu sehr zu betonen.

2.2 Gendersensible Psychotherapie, Beratung und Supervision

Die Bedeutung des Einbezugs von Genderaspekten in PBSprozessen wird durch das Wissen um die soziale Konstruktion von Gender und die Auswirkungen auf die Identität der Beteiligten plausibel. Umso dringlicher wird die Forderung nach gendersensibler PBS. Neben den beiden Grundvoraussetzungen für professionelle Fachpersonen, nämlich über Fachwissen und feldunabhängige Kompetenzen zu verfügen[63], fügt Ruth Großmaß[64] als weitere Voraussetzung und drittes Qualitätsmerkmal die Genderkompetenz hinzu. Auf diese wird im ▶ Abschn. 2.2.2 näher eingegangen, zuvor wird jedoch ein Blick darauf geworfen, wie die Kategorie Gender in Psychotherapie und Beratung Einzug hielt.

2.2.1 Historische Entwicklung

Vertreterinnen der ersten Frauenbewegung im 18. Jahrhundert begannen, Diskurse zu führen, deren Grundannahmen die Gleichheit der Geschlechter in Bezug auf Intelligenz, Fähigkeiten, Menschsein und das Recht auf Freiheit (Wahlrecht, Recht auf Bildung, Scheidungsrecht) waren. Die zweite Frauenbewegung schloss sich in den 1960er Jahren diesen Ideen an und forderte *Chancengleichheit* für beide Geschlechter. Seither haben Frauenbewegungen enorm viel für die Bewusstmachung des Geschlechtermissverhältnisses geleistet und die patriachalen Strukturen sowie deren Auswirkungen auf das Geschlechterverhältnis kritisiert. Damit wurde eine Basis für die Forderung nach geschlechtergerechter Ausrichtung in Psychotherapie und Beratung geschaffen und der Boden für gendersensible Forschung bereitet.

Frauenbewegungen waren mit ein Motor für die Professionalisierung von Psychotherapie und Beratung und stehen in engem Zusammenhang mit der politischen Selbstermächtigung von Frauen. Studentinnen der zweiten Frauenbewegung, die die männlichen Dominanzstrukturen nicht mehr mittragen wollten, gründeten ihre eigenen autonomen Gesprächsgruppen, die als politisch aktive Selbsthilfegruppen begannen[65].

2.2 · Gendersensible Psychotherapie, Beratung und Supervision

An diesen aus den USA übernommenen *conciousness-raising-groups* (Bewusstseinsbildungsgruppen) nahmen ausschließlich Frauen teil, die von ihren eigenen Erlebnissen ausgingen und Expertinnen für ihre Lebenswelt waren. Sie stellten eine Verbindung zwischen ihren Erfahrungen und den patriarchalen Strukturen her und brachten zwei wesentliche Themen in den öffentlichen Diskurs: die Gewalt von Männern gegen Frauen und Kinder und die sexuelle Gewalt[66]. Durch das zunehmende Bedürfnis nach Anleitung dieser Gesprächsgruppen entstanden auf Initiative und in Träger_innenschaft der Frauenbewegung erstmals Frauenberatungsprojekte (Frauengesundheit, -häuser, -beratung, -psychotherapie, -bildung), die sich aufgrund ihres feministischen Austauschs und der Reflexion ihres Tuns als erfolgreich erwiesen[67]. Ihre Angebote waren parteilich pro-feministisch, berücksichtigten die Sichtweisen ihrer Klientinnen, verschafften ihnen Gehör und wurden von Frauen für Frauen angeboten[68]. Zeitgleich differenzierten sich psychotherapeutische Verfahren aus.

Der in den 1970er Jahren entstandene Diskurs um Sex und Gender ermöglichte, verstärkt an den psychosozialen Bedingungen in der Beratungs- und Psychotherapiearbeit anzusetzen. Frauenberaterinnen und -psychotherapeutinnen erarbeiteten Zugangsweisen, wie Parteilichkeit, Ergebnisoffenheit, Freiwilligkeit, geschützter Rahmen etc., die sich kritisch von *geschlechtslosen* Beratungs- und Psychotherapietheorien absetzten und etablierten eigenständige Beratungs- und Psychotherapieformen[69]. Im Gegensatz zu den feministischen waren frauenspezifische Beraterinnen und Psychotherapeutinnen in ihrer Haltung neutral, überließen den Ratsuchenden die Definitionsmacht über ihre Probleme und unternahmen nichts gegen deren Wissen und Willen[70]. Die Frauen- und Geschlechterforschung knüpfte produktive Verbindungen zwischen Theorie und Praxis und wirkte mit dem Genderkonzept aufklärend und verändernd in die verschiedenen Bereiche psychosozialer Arbeit ein.

In der Frauenberatung und -psychotherapie wurden zunächst reale und symbolische Räume geschaffen, die für Frauen frei von Männern, Abhängigkeiten und Zwängen des Alltags waren und dadurch Selbstreflexion ermöglichten[71]. Frauen waren gefordert, selbst die Deutungsmacht darüber, was Frausein überhaupt bedeutet, zu übernehmen[72]. Trotz aller Bemühungen dominieren jedoch immer noch männliche Wertvorstellungen und Verhaltensweisen die Kernbereiche unserer Gesellschaft, womit Weiblichkeit als Unterordnung und Männlichkeit als Dominanz symbolisch und real verstärkt werden[73]. Darüber findet ein Diskurs statt, der mit dem Konzept des Doing Gender die Wende von der feministischen zur gendertheoretischen Denkart markiert, so Brigitte Schigl[74].

Waren es anfangs benachteiligte Frauen, die sich engagierten, erweiterte sich die Perspektive auf Frauen und Männer, die als Kulturwesen gesellschaftlich determiniert im Sinne der Entsprechung gesellschaftlicher Erwartungen verstanden werden, gleichermaßen. Erst durch das Einnehmen der Genderperspektive wurde einerseits verdeutlicht, wie Selbstbild, Verhalten, Denksysteme, Lebensbedingungen und Institutionen mit Geschlechterdynamiken verwoben sind und deren therapeutische Konzepte und Methodiken bestimmen[75]. Andererseits wurde es möglich, auch Männlichkeit explizit aus einer verstehenden maskulinen Binnenperspektive heraus zu einem Forschungsobjekt zu machen. Elisabeth Tuider[76] datiert mit Ende der 1980er Jahre die Veränderung der Frauenforschung und der Männerforschung in Richtung Geschlechterforschung. Inhaltlich stehen seitdem die Beziehung und das relationale Verhältnis der Geschlechter im Fokus. Damit wird deutlich, „dass Geschlechterbeziehungen eher auf einer komplexen Aushandlungspraxis von Macht zwischen Männern und Frauen basieren, als auf einem stabilen und einseitigen Dominanzverhältnis – und dass Frauen bei der Aufrechterhaltung männlicher Dominanz involviert sind." (Claudia Höfner, 2007, S. 283).

Die dritte Frauenbewegung, die sich in den späten 1990er Jahren aus der zweiten entwickelte, nahm sich inhaltlich der Problematik der Identitäten im Allgemeinen und der Geschlechtsidentitäten im Besonderen an. Sie widmete sich zunehmend der Geschlechtervielfalt und weniger der binären Geschlechterordnung. In den genderorientierten Beratungs- und Therapiekontexten zielten dekonstruktivistische Ansätze darauf ab, die Geschlechterdichotomie aufzuweichen und damit den Normierungen der Geschlechtsidentitäten entgegenzuwirken. Demzufolge ist die Herausforderung in der Beratungs- und Psychotherapiearbeit, Diversität als Chance zu begreifen, indem Dekonstruktion auf die strategische Auflösung der Gegensätze abzielt. „Letztendlich steht Diversity für ein Bemühen um ein hohes Maß an Respekt und Anerkennung der Würde des Einzelnen [sic]." (Elisabeth Tuider, 2014, S. 147).

Die Beratungs- und Psychotherapiearbeit hat in den letzten Jahrzehnten deutliche Entwicklungen erfahren, was auch an einer Veränderung des Sprachgebrauchs wahrnehmbar wird. „Von ‚feministischer Therapie' sind wir zu ‚frauenspezifischer' Arbeit und ‚gendersensiblen' Handeln bzw. noch neutraler zu ‚Managing Differences' gekommen…." (Brigitte Schigl, 2014, S. 146).

2.2.2 Genderkompetenzen von PBS_innen

Für die konkrete Praxis besitzt das Konzept Gender eine immanente Bedeutung. Die Geschlechterdifferenzierung in Diagnose und Behandlung wird als unabdingbare Notwendigkeit postuliert und die Wahrnehmungen, Haltungen und Handlungen bezüglich Genderfragen und -perspektiven sowohl von PBS_innen als auch von Patient_innen und Klient_innen im fortlaufenden Prozess immer weiter differenziert. PBS_innen haben die Autorität des Berufsstandes inne und tragen damit die professionelle Verantwortung, Prozesse der Konstruktion und Dekonstruktion von Gender in der PBSsituation reflexiv wahrzunehmen und transparent zu machen[77]. Sie sind gefordert, ihre eigenen Haltungen kritisch zu hinterfragen und Gender als Instrument zur Reflexion der eigenen Arbeit einzusetzen, vermeintliche Sicherheiten zu verändern und ihre Patient_innen und Klient_innen als mündige Partner_innen an der Bearbeitung ihrer Probleme zu beteiligen[78]. Aufgrund ihrer Ausbildungen sind professionelle PBS_innen auf Übertragungen, Gegenübertragungen sowie Projektionen sensibilisiert und müssen daher in der Lage sein, Genderfallen, wie beispielsweise die Versorgungswünsche der Patientin/Klientin als auch die dazu komplementären Rettungsfantasien der PBS_in, die als Komplikationen auf dem Weg zum Empowerment der Ratsuchenden auftreten können, zu identifizieren[79].

Um die Gefahr auszuschließen, dass Patient_innen/Klient_innen in der Opferrolle verharren und die damit verbundenen Gefühle kultivieren und festigen, müssen professionelle PBS_innen eine sichtbare Meinung und einen klaren Standpunkt über die Erlebnisse und Erfahrungen, von denen Patient_innen/Klient_innen berichten, vertreten[80]. Genderkompetentes Handeln bedeutet in diesem Kontext, die Genderaspekte methodisch als „Übertragungs- und Projektionsdynamiken, Überidentifikationen, Konfluenzen, Verunsicherungen, Rivalitäten und Entwertungen" (Sabine Scheffler & Agnes Büchele, 2014, S. 133) erlebbar zu machen. Kritisiert wird, dass professionelle PBS_innen lediglich geringes Bewusstsein für Geschlechterdifferenzen aufweisen und Gendereinflüsse in Therapie- und Beratungsprozessen häufig ignorieren.

2.2 · Gendersensible Psychotherapie, Beratung und Supervision

Heike Schader[81] kritisiert, dass Beratungspersonen ihre persönliche Haltung zu gesellschaftlichen Normen, meist ohne Selbstreflexion, als Verhaltensregeln an Ratsuchende vermitteln. Sie ist überzeugt, dass die Sicht auf Gender und das beratende Verhalten zu Genderthemen in erster Linie eine Frage der Haltung einzelner Berater_innen und nicht der Methodik ist. Diese Kritik kann vermutlich auf Psychotherapeut_innen und Supervisor_innen ausgeweitet werden.

PBS_innen müssen Wissen über Geschlechterstereotypisierungen und -differenzen haben, diese identifizieren, in Therapie- und Beratungsprozessen ansprechen können und sowohl dieses Wissen als auch das eigene professionelle Tun immer wieder hinterfragen. Im Bezug auf Beratung und Psychotherapie fasst Brigitte Schigl[82] die Grundhaltungen gendersensiblen Arbeitens zusammen. Im Folgenden werden all jene herausgegriffen, die hinsichtlich der Genderkompetenz relevant sind:
- Um die Genderfärbung von Begegnungen reflektieren zu können, ist eine Auseinandersetzung der PBS_in mit den eigenen geschlechtsspezifischen Vorannahmen und Prägungen notwendig.
- Die gesellschaftlichen Analysen über weibliche und männliche Geschlechterstereotype sollen in den Prozess integriert werden.
- Da Sprache Realitäten schafft, ist auf geschlechtergerechte Formulierung zu achten.

Genderkompetenz ist sowohl das Wissen darüber, dass Gender eine maßgebliche Strukturkategorie menschlicher Kulturen ist und unterschiedliche Implikationen für unterschiedliche Geschlechter bedingt, als auch die Fähigkeit, sich und die eigenen Annahmen zu hinterfragen, auf der Metaebene zu reflektieren und offen für Veränderungen zu sein, da all unser Wissen immer nur ein vorläufiges und konstruiertes ist[83]. Brigitte Schigl[84] überträgt die im Punkt 2.1.3 allgemein formulierten Genderkompetenzen auf PBS_innen:
- *Wollen* bezeichnet die persönliche Haltung, „Gender als einen maßgeblichen und veränderbaren(!) Teil menschlicher Interaktion aufzufassen sowie Geschlechter-Gerechtigkeit anzustreben"[85].
- *Wissen* über Hintergrundtheorien aus Psychologie, Soziologie, Frauen- und Geschlechterforschung und Forschung zum Doing Gender.
- *Können* als die sich aus Wollen und Wissen ergebende, eigentliche Handlungskompetenz. Genderkompetente PBS_innen sind in der Lage, verschiedene Analysenebenen, wie Mikro-, Meso-, Makroebenen, sowie die Genderperspektive als Hintergrundschablonen und Interpretationsfolien in ihre Arbeit einzubeziehen.

Aufgrund der untrennbaren Verbindung von Sprache und Identität und der für Menschen existenziellen Wichtigkeit, differenziert wahrgenommen und identifiziert zu werden, wird an dieser Stelle die unverzichtbare Genderkompetenz des Performing Gender betont.

Sabine Scheffler[86] definiert Genderkompetenz in PBS als eine Auseinandersetzung mit geschlechtsspezifischem Verhalten, welches immer die Kompetenzgrenzen der PBS_innen berührt, da sie mit eigenen Erfahrungen, Einstellungen, Bewertungen und Konstruktionen von Weiblichkeit und Männlichkeit verbunden sind. PBS_innen werden in ihrer Praxis permanent mit Geschlechterinszenierungen konfrontiert, welche in der Mehrheit immer noch traditionell und angepasst sind[87]. Die Gründe finden sich in der Sozialisierung von Frauen und Männern, die weiterhin auf unterschiedliche Handlungsbereiche und Verhaltensweisen für die Geschlechter abzielt. Um das Interaktionsverhalten geschlechtersensibel zu reflektieren, bedarf es Genderkompetenz.

PBS_innen tragen die fachliche Verantwortung, sich kontinuierlich mit dem Thema Gender und der unumgänglichen Mitwirkung am Geschlechterverhältnis zu beschäftigen, denn alle stricken „über Art und Inhalt von Fragen und Aussagen, Blicken, Stimme und Tonfall, aber auch darüber, wofür wir uns nicht interessieren, was wir nicht hören (wollen), an der ‚heterosexuellen Matrix' mit" (Sabine Kirschenhofer, 2014, S. 179). PBS_innen müssen sich daher als *gendered individuals* in Interaktionen mit anderen reflektieren[88]. Dafür ist es hilfreich, die eigene professionelle Haltung, Sprache und Methode auf geschlechtsspezifische Intentionen und Wirkungen zu überprüfen und das eigene Handeln auf dem Hintergrund von Gender zu hinterfragen, denn eine Nichtthematisierung würde automatisch zur Bestätigung bestehender Geschlechterbilder führen[89]. In einer 2010 von Sabine Karlinger angefertigten Untersuchung wurde festgestellt, dass Genderkompetenz nur von genderkompetenten Personen wahrgenommen und erwartet werden kann.

Für eine erfolgreiche geschlechtergerechte Beratung verorten Martin K. Schweer & Robert P. Lachner[90] drei Aspekte:
- Gender als Diagnosekompetenz befähigt Berater_innen zu analysieren, ob genderrelevante Aspekte für die gegenwärtige Situation der Klient_innen zu beachten sind.
- Gender ist als Interventionskompetenz erforderlich, um genderrelevante Maßnahmen zur Unterstützung der Klient_innen ergreifen zu können.
- Die Fähigkeit und Bereitschaft zur Reflexion eigener geschlechtstypischer Denk- und Handlungsmuster ist Voraussetzung, um die Selbstreflexion der Klient_innen hinsichtlich ihrer geschlechtstypischen Vorstellungen und Erwartungen zielführend initiieren zu können.

Hierfür ist Genderkompetenz, welche die „individuelle Wahrnehmung, Erklärung und Bewertung der jeweiligen Chancen und Barrieren aller Geschlechter in sozialer, ökonomischer und politischer Hinsicht,"[91] umfasst, als Analysekategorie im beruflichen Kontext erforderlich.

Aus den Schnittmengen der zitierten Definitionen lässt sich ein *Genderkompetenzkatalog für PBS_innen* ableiten:
- **Soziale Kompetenzen** als Grundvoraussetzung für die Wahrnehmung von Genderaspekten.
- **Gender-Fachwissen** über Geschlechterstereotypisierungen und -differenzen aus den Gender Studies.
- **Kompetente Umsetzung des Gender-Fachwissens,** um Gender als permanente Hintergrundschablone und Interpretationsfolie in die Beratungssituation zu integrieren.
- **Diagnosekompetenz,** um beispielsweise Genderfallen, wie Gender Bias und Gender Troubles, zu verhindern.
- **Interventionskompetenz,** um Genderaspekte methodisch erlebbar zu machen, Prozesse der Konstruktion und Dekonstruktion von Gender in der PBSsituation reflexiv wahrzunehmen, diese transparent zu machen und genderrelevante Unterstützungsmaßnahmen ergreifen zu können.
- **Gender als Reflexionsinstrument,** um die persönliche Gendersozialisation zu identifizieren und die eigene professionelle Haltung und Methodik kritisch überprüfen und hinterfragen zu können.
- **Sprachliche Genderkompetenz,** die auf geschlechtergerechte Formulierung achtet.

2.2 · Gendersensible Psychotherapie, Beratung und Supervision

Damit PBS_innen die eigene Genderkompetenz überprüfen können, stellen sowohl Brigitte Schigl[92] einen Fragenkatalog als auch Sabine Scheffler & Agnes Büchele[93] Übungen zur Gender-Selbstreflexion für PBS_innen bereit. Eine Selbstreflexionsfrage wäre beispielsweise: „Würde ich genauso reagieren und entscheiden, wenn es sich um einen Menschen des anderen Geschlechts handeln würde?"[94].

2.2.3 Gendersensible PBS-Praxis

Gender ist als strukturierende Kategorie im Alltag ständig präsent und wird in Interaktionen und Dialogen, und damit auch im PBSsetting, immer wieder neu reproduziert. Mit der Genderperspektive fallen Identifizierungen und Identifikationen sowie deren Bewertungen für Frauen und Männer unterschiedlich aus. Diese Erkenntnisse müssen in der PBS mittels des expliziten genderspezifischen Blicks auf Identität im gleichen Sinne zum Tragen kommen, wie das gelebte emanzipierte gendersensible Rollenvorbild der PBS_innen in Worten, Haltungen und Handlungen.

Im dyadischen PBSsetting stellt sich unweigerlich eine Asymmetrie zwischen den Ratsuchenden und den Professionist_innen ein. Von letzteren hängt es ab, ob sich die hierarchische Struktur verschärft oder abflacht. Feministische PBS setzt auf einen Abbau des Machtgefälles, welches zwar unvermeidlich ist, zum Teil jedoch transparent gemacht und auf das PBSgeschehen begrenzt werden kann. Folgendes Zitat hat auch für Psychotherapie- und Supervisionsprozesse Gültigkeit:

> Die Beziehungsdimension, die im Beratungsprozess jeweils aktivierten affektiv besetzten Beziehungserfahrungen eingeschlossen, ist deshalb ein für jede Beratung wichtiges Arbeitsmedium. Das Geschlecht der beteiligten Personen, Irritationen und Fixierungen der sexuellen Identität, sexuierte Erfahrungsräume sowie die latenten Geschlechtsbedeutungen der Sprache – kurz: Gender – sind daher in jeder Beratungssituation präsent (Ruth Großmaß 2014, S. 64).

Nachweislich ist die hierarchische Distanz zwischen Professionistinnen und ihren Ratsuchenden geringer als jene zwischen Professionisten und ihrem Klientel[95]. Frauen werden im Allgemeinen weniger Macht und Prestige zugewiesen als Männern. PBS_innen können leichter Beziehungen zu ihren Patient_innen/Klient_innen aufbauen und sind diesen auch näher. Allerdings wird aufgrund des geringeren zugeschriebenen Status eher an ihrer Kompetenz gezweifelt, insbesondere von Männern aus anderen Kulturkreisen.

Von der Antike bis zum 18. Jahrhundert galt die Vorstellung, dass Frauen und Männer *ein* Geschlecht besäßen, wobei die weiblichen Genitalien die nach innen gewendete Version der männlichen waren. Sie galten als ein Menschengeschlecht, wobei der Mann der vollkommenere Part war. Der Unterschied zwischen den Geschlechtern war zunächst minimal. In diesem Modell der *Eingeschlechtlichkeit* war es zudem möglich, dass Menschen im Verlauf ihres Lebens ihr Geschlecht wechseln konnten, allein indem sie sich dem anderen Geschlecht entsprechend kleideten. Mit der Aufklärung wurde dieses Geschlechtermodell abgelöst und durch das der *Zweigeschlechtlichkeit* ersetzt, in dem Männer und Frauen als grundlegend unterschiedlich gedacht, dieser Unterschied an den Geschlechtsorganen festgemacht und in ein hierarchisches Verhältnis zueinander gesetzt wurden[96].

Durch das System der Zweigeschlechtlichkeit werden einerseits eindeutige Bilder dessen vermittelt, was *Frauen* und *Männer* jeweils repräsentieren[97], andererseits trägt es dazu bei, dass die Geschlechter in ihren Handlungs- und Lebensbereichen weiterhin symbolisch getrennt voneinander verortet und letztlich die sozialen Ungleichheitsverhältnisse zwischen den Geschlechtern immer wieder neu reproduziert werden. Mit der Kategorisierung von Menschen als dem einen oder anderen Geschlecht zugehörig war – und ist es heute noch – immer auch eine Wertung verbunden, welche dem Gleichheitsgrundsatz widerspricht. Über viele Jahrhunderte entwickelten sich aus der bürgerlichen Gesellschaft geschlechtstypische Muster, die bis heute überwiegend wirksam sind. Obwohl die Unterschiede *innerhalb* einer Geschlechtergruppe erheblich größer sind als *zwischen* den Geschlechtern, durchzieht die Differenzierung nach Geschlecht unsere Gesellschaft und beeinflusst in den verschiedensten Bereichen das gesamte Leben: ökonomisch, politisch, juristisch, im Bildungssystem, im Sprachgebrauch, in der Bewertung von Persönlichkeitseigenschaften, etc. Sei es, dass Frauen oft ökonomisch abhängig sind, häufig in schlecht bezahlten Berufen und untergeordneten Positionen weniger verdienen und besitzen als Männer, und sowohl politisch und als auch in der Öffentlichkeit unterrepräsentiert sind – sogar im deutschen Film und Fernsehen, wie die bislang umfassendste Studie über die Geschlechterdarstellung der Universität Rostock 2017[98] belegt: Frauen sind signifikant unterrepräsentiert, vor allem ältere und solche in Expertinnenrollen. Sie treten lediglich in Zusammenhang mit Beziehung, Partner_innenschaft und in Soaps auf und untermauern und tradieren somit vertraute Klischees. Auch im Kinderfernsehen sind Frauen im Verhältnis 72:28 unterrepräsentiert. Aber diese Muster sind wandelbar und es ist unsere Aufgabe als aufgeklärte Menschen, diesen Wandel zu reflektieren und zu ermöglichen. Wird dem *Global Gender Gap Report* Glauben geschenkt, wird Österreich noch etwa 170 Jahre Entwicklung benötigen, um eine tatsächliche Gleichstellung der Geschlechter zu erreichen – 2016 hatten die Expert_innen nur 116 Jahre prognostiziert.

Im Doing Gender werden durch gesellschaftliche Strukturen und Diskurse sowie asymmetrische Machtverhältnisse Frauen und Männer zu Frauen und Männern *gemacht* und suggeriert damit deren Passivität: Frauen und Männer sind somit auch Opfer einer Gesamtsituation. Diese Genderinszenierungen bleiben „weitgehend im traditionellen, angepassten und kommerzialisierten Rahmen verhaftet" (Carmen Tatschmurat, 2004, S. 232). Um Gleichberechtigung herzustellen, bedarf es einer Bewusstheit für Geschlechtergerechtigkeit und eines offenen Austauschs über Vorurteile und unterschiedliche Sichtweisen[99].

In der PBS können Frauen durch Zuwachs an Handlungsfähigkeit, Verantwortungsübernahme für das eigene Leben und erhöhte Widerstandsfähigkeit gegen Übergriffe und Einschränkungen Selbstermächtigung erfahren[100]. Heidi Möller [101] betont die Wichtigkeit für Frauen, den Begriff Macht im Sinne von *Ermächtigung* positiv zu besetzen, ihn als eine Lust, etwas bewirken zu wollen, zu verstehen, und ihn mit Selbstsicherheit und Respekt vor dem Gegenüber auszuüben. Solch einen positiven Machtbegriff zu entwickeln, könnte ein Schlüssel für die PBSarbeit sein. Möller regt an, auch den Aggressionsbegriff mit Frauen neu zu entwickeln. Sie sollen sich ihrer Aggressivität bewusst werden und sie konstruktiv nutzen lernen. PBS_innen sollen Frauen darin unterstützen, Eigenschaften und Verhaltensweisen, die weiblichen Klischees entsprechen, kritisch zu hinterfragen und sie mit dem Ziel, ihnen das gesamte menschliche Spektrum an Gefühlen, Bedürfnissen und Verhaltensweisen zugänglich zu machen, und sie zu männlich Zugeordnetem ermutigen[102].

Brigitte Schigl bestätigt in ihrer Untersuchung 2012 über die Bedeutung des Geschlechts von Beratungspersonen für den Beratungsprozess, dass sich Berater_innen und Klient_innen kontinuierlich gegenseitig durch ihre Wahrnehmungen als Frauen und Männer und den ihnen zugrunde liegenden Bildern von Weiblichkeit und Männlichkeit beeinflussen. Diese Bilder und die oft unreflektierten Geschlechtermodelle der Expert_innen fließen in die PBS ein und besitzen manipulative Kraft[103]. Wie ihre Patient_innen/Klient_innen bringen PSB_innen ihre eigenen geschlechtsrollenspezifischen Erfahrungen, Prägungen und Erwartungen in ihre Arbeit ein. Sie bewegen sich innerhalb kulturell vorherrschender Annahmen und sozialer Normen, sodass die Gestaltung der Arbeitsbeziehung und Interaktionen unter geschlechts(rollen)spezifischer Perspektive zu berücksichtigen sind.

Hilfesuchende wollen sowohl unabhängig als auch unter Berücksichtigung ihres Geschlechts gesehen und verstanden werden, ohne vorgefasste Konzepte und Werturteile befürchten zu müssen – auch und gerade im Zusammenhang mit ihrer Geschlechterrolle[104]. Frauen beschreiben beispielsweise ihre Probleme in größeren Zusammenhängen, Männer eher ihre Symptomatik. Behandler_innen beziehen unbewusst oder eben bewusst unterschiedliche Annahmen über die psychische Gesundheit bei Frauen und Männern, sowie unterschiedliche Ätiologiehypothesen für Frauen und Männer in die Behandlung mit ein[105]. Dies berücksichtigend erfordert es einen doppelten Gender-Blick: einen auf die geschlechtergeprägten Machtverhältnisse, die in das PBSgespräch hineinragen und einen, der Mythen und Überzeugungen über grundlegende wesensmäßige Annahmen und biologische Unterschiede zwischen Frauen und Männern erkennt und diese aufbricht.

Oben aufgezeigte Phänomene und die sich daraus ergebende Erkenntnisse beziehen sich allgemein auf die Arbeit aller drei Berufsgruppen. Ob ihres Heilauftrags wird besonders auf die Notwendigkeit geschlechtsspezifischer Diagnostik und Psychotherapie hingewiesen. Frauen und Männer leiden in unterschiedlicher Häufigkeit an verschiedenen psychischen Erkrankungen. Entsprechend ist in der psychotherapeutischen Behandlung genderspezifisches Wissen über die unterschiedlichen Risiken psychische Erkrankungen zu erleiden, nötig und folglich gendersensible Psychotherapie anzubieten, die die unterschiedlichen Probleme und Ressourcen von Frauen und Männern in den Blick nimmt und entsprechend behandelt. Im Folgenden werden exemplarisch einige Erkenntnisse aus der Forschung beleuchtet[106].

Geschlechtsunterschiede lassen sich u. a. im Risikoverhalten, in pathogenetischen Mechanismen und Auslösern feststellen. Männer haben durchschnittlich eine um fünf bis sechs Jahre geringere Lebenserwartung und weisen bei allen Todesursachen höhere Risiken auf, sofern sie nicht, wie Brustkrebs, genderspezifisch sind. Hierfür werden genetische, hormonelle und immunbiologische Gründe angenommen, aber auch geschlechtsrollentypisches Verhalten scheint dazu beizutragen. Männer ab 65 Jahren weisen eine doppelt so häufige Suizidrate auf als Frauen. Erklärt wird dies mit dem männlichen Geschlechtsrollenverständnis, das u. a. verhindert, Gefühle von Schwäche und Hilflosigkeit zuzulassen und entsprechend Hilfe zu suchen und anzunehmen[107].

Frauen dagegen sind insgesamt häufiger und chronisch krank. Sie klagen öfter über körperliche, psychische und psychosomatische Beschwerden, leiden signifikant häufiger an chronischen Schmerzzuständen und Symptomen im Sinne depressiver Verstimmungen. Hierbei scheinen verstärkt soziomedizinische Faktoren, wie soziale Schicht, emotional-vitale Erschöpfung, eigene Gesundheitseinschätzung, etc. entscheidender zu sein als das Geschlecht. Das Wissen um geschlechtsspezifische Unterschiede kann zu einer verbesserten psychotherapeutischen Behandlung führen.

Frauen erhalten eher Diagnosen aus dem Bereich der Angst- und Essstörungen, Borderline-Persönlichkeitsstörungen, dissoziativen Identitätsstörungen, histrionische Persönlichkeits- und Posttraumatische Belastungsstörungen (PTBS). Männern hingegen werden Diagnosen, wie Alkoholerkrankungen, sexuelle Störungen, antisoziale und narzisstische Persönlichkeitsstörungen gestellt, ihre Suizide werden eher vollendet.

Die doppelt so häufig gestellte Diagnose PTBS und erhöhte Vulnerabilität bei Frauen werden an neurobiologischen, sozialökonomischen und sozialkulturellen Faktoren festgemacht. Frauen erleben häufiger interpersonelle Traumata, die die höchsten Traumatisierungen darstellen, da sie das Vertrauen in Beziehungen und Bindungen zerstören – hier ist eine frauenspezifische Psychotherapie unerlässlich, die die Wiederherstellung des Selbstwertes und die Entwicklung vertrauensvoller Beziehungen anstrebt. Hierzu Astrid Lampe & Luise Reddemann[108]: „Es wird unter anderem Wert auf eine sichere, respektvolle, angemessene und gendersensitive Behandlung psychischer Erkrankungen bei Frauen unter Berücksichtigung allgemein gültiger Qualitätsstandards, kultureller und sozioökonomischer Voraussetzungen unter größtmöglicher Autonomiewahrung gelegt". Während Mädchen und Frauen mehr von interpersonellen Stressoren betroffen sind, lassen sich bei Burschen und jungen Männern eher leistungsbezogene und nicht-interpersonale Stressoren beobachten. Letztere neigen in der Verarbeitung der Stressoren vergleichsweise weniger zu intensivem Nachdenken über die Belastungen (Ruminationen) und haben weniger negative Attributionen. Innerpsychische Verarbeitungsprozesse von Frauen sind häufiger von negativer Affektivität, Angst, Schuldgefühlen und vermeidendem Coping geprägt. Frauen mit Gewalterfahrungen neigen dazu, nicht spontan über die erlebten Abwertungen und Misshandlungen zu sprechen, sich für das erfahrene Unrecht selbst zu beschuldigen und sich für die erlebte Gewalt zu schämen. Unterschiede in der Erkrankungshäufigkeit nach Traumatisierungen sind das Resultat von genderspezifischen emotionalen und kognitiven Reaktionen und Verarbeitungsmechanismen auf das erlittene Trauma[109]. Psychotherapeut_innen sind hier gefordert, genau zuzuhören und auf Warnzeichen, wie Klagen bzw. Verletzungen, die nicht mit den Erklärungen übereinstimmen, zu achten. Wahrnehmen, Benennen, Stellung beziehen und Erklärungen anzubieten, ist in diesen Fällen die Aufgabe der Behandler_innen.

Rund um die Menopause zeigen Frauen eine erhöhte Vulnerabilität für psychische Erkrankungen. Ursächlich werden einerseits Östrogenschwankungen und andererseits psychosoziale Faktoren angeführt. Diese gehen mit kulturell bedingten Erwartungen und Einstellungen, Auseinandersetzung mit dem Älterwerden, familiären Belastungen, Veränderung der Sexualität und Paardynamik, Abnahme der Leistungsfähigkeit etc. einher[110].

Psychische Auffälligkeiten bei Internetnutzung untersuchten Bert te Wildt & Valentina Albertini 2013 und stellten fest, dass abhängige Verhaltensweisen eher männerspezifisch sind. Diese scheinen in virtuellen Kämpfen und Eroberungen Selbstbestätigung und Glücksempfinden zu erfahren. Vermutlich spielen hier der unterschiedliche Umgang von Männern und Frauen mit Aggressionen eine Rolle: Männer zeigen eher expansives Verhalten, Frauen neigen zur Identifikation mit den Aggressor_innen und richten sie eher destruktiv gegen sich selbst.

Obiges Kapitel unterstreicht, wie wesentlich eine sorgfältige gendersensible Diagnostik für die Beratung und Behandlung ist, denn sie berücksichtigt mögliche geschlechtsspezifische Einflussfaktoren auf gezeigte Krankheitsbilder. Der genderspezifische Blick sollte zusätzlich zwei weitere Phänomene im Auge behalten: *Gender Troubles* und *Gender Bias*.

2.2.3.1 Gender Troubles

Das jeweils eigene Verständnis von Weiblichkeit und Männlichkeit auf beiden Seiten der Interagierenden in der Beratung bzw. Behandlung bestimmt, wie Geschlecht gelebt und in die PBSdynamik eingebracht wird. Geschlechterrollenzuschreibungen können den PBSverlauf entscheidend prädeterminieren. In einer auf Genderbewusstsein ausgerichteten Beratung und Behandlung müssen Geschlechtervorurteile kritisch hinterfragt werden, sonst könnte es zu *Gender Troubles* kommen. Diese Troubles entstehen, wenn Einschätzungen bzw. Emotionen auftreten, die mit dem Lebensmuster der jeweils anderen Person zu tun haben, da sie zu vorschnellen Einverständnissen oder unauflöslichen Missverständnissen führen könnten[111]. Martin K. Schweer & Robert P. Lachner[112] erläutern geschlechtstypische Zuschreibungen, die in PBS auftreten können: Patient_innen/Klient_innen schreiben Bestätigung und Anerkennung eher weiblichen PBSinnen, Ergebnisorientierung und Struktur eher männlichen PBSen zu. Weibliche PBSinnen wiederum schreiben Beziehungsprobleme, Fragen der Vereinbarkeit von Beruf und Familie und sexuelle Belästigung eher Patientinnen/Klientinnen, und Schwierigkeiten mit der eigenen Führungsrolle und Karriereplanung eher Patienten/Klienten zu.

Wird von PBS_innen nur die eine oder andere Deutungsebene für eine Situation herangezogen, entsteht unter Umständen eine Interpretationskluft, die zu Blockierungen oder Verwirrungen führen kann und als *Gender Troubles* bezeichnet wird[113]. So können sich PBS_innen und Patient_innen/Klient_innen über ein Problem, das zwar gendergebunden zu deuten ist, verständigen und verbünden, es kann jedoch nur im Kontext der Lebenssituation der ratsuchenden Person bearbeitet und gelöst werden. Ebenso verhängnisvoll ist, wenn PBS_innen und Patient_innen/Klient_innen dieselben Themen ausklammern (Lust, Begehren). Bei gegengeschlechtlichen Beratungs- und Behandlungssituationen können sich PBS_innen auch entscheiden *aus dem Nähkästchen zu plaudern* und Tipps zu geben, wie ein Mann, eine Frau sich verhalten würde, was ein Mann, eine Frau sich erwarten würde. Für PBS_innen ist es wichtig, stetig zu reflektieren, ob sie und ihre Patient_innen/Klient_innen im gleichen soziokulturellen Kontext leben. Obwohl die Zuschreibungen, was Männer- oder Frauensache ist, enorm wirkmächtig sind, müssen PBS_innen ein persönliches Wertesystem finden, installieren und sich daran orientieren[114].

2.2.3.2 Gender Bias

PBS_innen müssen darauf achten, Geschlechterunterschiede angemessen zu berücksichtigen, um einen geschlechtsbezogenen Verzerrungseffekt, den sogenannten *Gender Bias*, zu verhindern. Dieser beschreibt Eigenschaften von Männern eher als kulturell und sozial und Eigenschaften von Frauen eher als biologisch bedingt[115]. Beispielsweise haben männliche Ärzte die Tendenz, gleiche Symptome bei Männern als somatisch, bei Frauen als psychisch zu diagnostizieren[116]. PBS_innen erlägen einem Gender Bias, wenn sie männliche Klienten aufgrund ihrer emotionalen Bewegtheit mit mehr Aufmerksamkeit und Zuwendung bedenken, weil es etwas Besonderes ist, wenn Männer emotional werden, während das für Frauen als selbstverständlich erachtet wird.

Genderkompetente PBS_innen wirken ausgleichend auf die Verwirklichung allzu rigider Geschlechterstereotype und bieten ihre eigene Sicht auf die Probleme, Wahrnehmungen und Empfindungen der Patient_innen/Klient_innen als eine von vielen Perspektiven an[117]. Methodologisch erfordert dies einen doppelten Blick von PBS_innen:

den auf die gelebte Zweigeschlechtlichkeit und jenen, der die mögliche Vielfalt zu erkennen vermag[118]. PBS_innen sollten bewusst zwischen zwei Perspektiven wechseln können: Mit der einen wird das für Frauen nachteilige Ergebnis der Konstruktion *Frau* in seiner Unterscheidbarkeit von *Mann* als Tatsache ernst genommen. Mit der anderen werden die Benachteiligungen von Frauen im Licht des Konstruktivismus interpretiert und mit den Patient_innen/Klient_innen Gegenstrategien entworfen[119].

Unter Berücksichtigung dieser beiden Perspektiven wird die Möglichkeit, in der PBS Gleichberechtigung kennenzulernen und als handlungsfähige Personen mit vollen Selbstbestimmungsrechten angesprochen zu werden, gestärkt. Da Gender eine identitätsstiftende Kategorie ist, wirkt die Solidarität zwischen PBS_innen und Patient_innen/Klient_innen auf Frauen- bzw. Männerebene ebenso identitätsstiftend wie das emanzipierte, gendersensible Rollenvorbild der PBS_innen.

2.2.4 Gendersensible Sprache als Werkzeug

Menschen erklären sich selbst und die Welt auf dem Fundament der Sprache. Somit ist diese ein unverzichtbares Instrument und fundamentales Werkzeug des Denkens, Erkennens und Handelns. Der Gebrauch von Sprache, wird als „gemeinsames Handeln, das die Welt hervorbringt"[120] verstanden und ist maßgeblich daran beteiligt, wie die Welt wahrgenommen, aber auch wie mit der Kategorie Geschlecht umgegangen wird. Daher irritiert es, dass selbst einige Autor_innen der hier zitierten Gender-Fachliteratur sich nicht durchgängig geschlechtergerechter Sprachformen bedienen. Keinesfalls kann Sprache als Nebensache abgetan und vernachlässigt werden.

„Sprache erzeugt Vorstellungen, Vorstellungen beeinflussen unsere Handlungen, Handlungen beeinflussen unsere politische und wirtschaftliche Situation […] Ändern wir die Sprache, so ändern wir unzweifelhaft die Vorstellungen, und damit den ganzen Rest", bringt Luise F. Pusch[121], die Vorreiterin gendersensiblen Sprachgebrauchs, trefflich zum Ausdruck. Die Psychoanalytikerin Barbara Gissrau merkte schon 1990 an, dass ein wesentlicher Genderaspekt den Bereich der Sprache betrifft, die das hauptsächliche professionelle Handwerkszeug von PBS_innen darstellt. Sie resümiert, dass Sprache im psychosozialen Setting eine wichtige Funktion im Prozess der Identitätssuche inne hat und Professionelle unglaubhaft wirken, wenn sie Menschen einerseits bei der Ermöglichung von Wandlungsprozessen begleiten möchten, andererseits jedoch durch eine unbewusste androzentrische Sprache und Wortwahl signalisieren, dass Frauen gar nicht existieren.

Zu den „Mühen des Begreifens kommen die Mühen des Begriffes"[122]. Hilarion G. Petzold bringt damit zum Ausdruck, dass ein kreativer Sprachgebrauch erforderlich ist, um genderdifferenziell zu formulieren:

> » Sprache gründet in den kokreativen Tätigkeiten von Menschen/Menschengemeinschaften in der Welt und in den dieses Tun begleitenden Mentalisierungsprozessen, durch die eine symbolisch erfassbare, beschreibbare und kommunizierbare „Humanwelt" konstituiert wird, zu der Sprache unabdingbar gehört und für die sie ein Strukturmoment ist. Sprache aktualisiert sich in Sprechereignissen, im konkreten, lebendigen Gebrauch von und zwischen SprecherInnen, Einzelsubjekten und Gruppen in Kontext/Kontinuum – im Sprechen zur Informationsvermittlung, Handlungskoordination, Welterklärung, Weltgestaltung. Sie gewinnt dabei beständig

an Komplexität und trägt in diesem konfigurativen Wechselspiel von Struktur und Prozess zugleich zur Komplexität von Gemeinschaften/Gesellschaft bei. Das führt zu komplexeren Sozialverhältnissen und damit wiederum zur Emergenz erweiterter und vertiefter sprachlicher Differenzierungen, ermöglicht Sprechen über Sprechen, Denken über Denken, Diskurse über Diskurse (Hilarion G. Petzold, 2007, S. 85).

Eine Integration von Genderaspekten bedeutet für PBS_innen, sich neben gendersensiblen Haltungen und Handlungen auch des Werkzeugs geschlechtergerechter und antidiskriminierender Sprache zu bedienen. Die Passung zwischen den Beteiligten in PBSprozessen wird nicht zuletzt auf der Sprach- und Verständnisebene erreicht. Die achtsame Verwendung von Sprache in Bezug auf ihre Patient_innen/Klient_innen schafft ebenso Wirklichkeiten, wie die notwendige Veränderung der Konzepte von Weiblichkeit und Männlichkeit[123]

Sprache schafft Wirklichkeit hinsichtlich der Zweigeschlechtlichkeit bzw. Geschlechterdiversität, weil Denken und Kommunikation außerhalb von Geschlecht kaum möglich sind und ruft bestimmte Vorstellungen und Bilder von Frauen und Männern auf, die insbesondere in PBSzusammenhängen relevant werden. Ein kompetenter Umgang mit dem Werkzeug Sprache ist unumgänglich, wenn PBS_innen dem Anspruch der Gendersensibilität gerecht werden wollen. Allein das unterschiedliche Sprechverhalten von Frauen und Männern trägt dazu bei, die Hierarchie zwischen den Geschlechtern ständig neu zu reproduzieren und tradiert zusätzlich die Stabilisierung binärer Geschlechterkonstruktionen. Denn verglichen mit Männern sprechen Frauen tendenziell kürzer und seltener, stellen mehr Fragen und unterbrechen das Gegenüber weniger häufig[124].

In Bezug auf Sprache wird zwischen der Kompetenz des Verfügens über einen bestimmten Sprachgebrauch und der Performanz der aktuellen Verwendung von Sprache unterschieden. Das Werkzeug Sprache kann einerseits als ein komplexes menschenspezifisches Phänomen in einem kollektiven, strukturellen Sinn und andererseits als ein individueller, performativer Aspekt gesehen werden, der von Menschen in spezifischer Form genutzt, gestaltet und verändert werden kann[125]. Durch die Konstruktion und Dekonstruktion von sprachlicher Wirklichkeit können PBS_innen neue Sichtweisen eröffnen und geschlechtergerechten Sprachgebrauch in die PBS integrieren.

2.2.5 Theoriebildung und Qualitätssicherung

Genderaspekte haben also enorme Bedeutung für PBSprozesse. Dessen ungeachtet werden sie jedoch in den entsprechenden zugrunde liegenden Theorien stark vernachlässigt, meint Sabine Scheffler[126] und bemängelt das Fehlen konsistenter geschlechtersensibler Theoriebildungen. Sie beobachtet eine schulenübergreifende Entwicklung gemeinsamer Ansichten darüber, was psychosoziale Gesundheit in einer von der dichotomen Geschlechterdifferenz strukturierten Gesellschaft bedeutet. So findet beispielsweise eine Abkehr von pathogenen Konzepten weiblicher Störungen statt. Die Genderperspektive „verdeutlicht, wie Selbstbild, Verhalten, Lebensbedingungen, Denksysteme und Institutionen mit den Geschlechterdynamiken verbunden sind und theoretische Konzepte und Methodiken bestimmen"[127]. Aus diesem Grund muss im Sinne der Qualitätssicherung gendersensibler psychosozialer Arbeit, die Genderperspektive in Ausbildungscurricula von Psychotherapie, Beratung und Supervision verpflichtend eingeführt und etabliert werden, wofür es genderspezifisches Theorie- und Handlungswissen benötigt. Es bedarf nicht so sehr neuer Ansätze, sondern der systematischen Integration von Genderwissen in bestehende Therapie- und Beratungstheorien, Methodiken und Forschung, da in traditionellen Konzepten oft unreflektierte Geschlechtermodelle transportiert werden[128].

Wissenschaftliche Erkenntnisse der Geschlechterforschung aus langjähriger feministischer Theoriebildung[129] finden kaum Eingang in den professionellen Diskurs, in theoretische Konzepte und Grundlagen. Genderkompetenz zu erwerben ist derzeit eher dem Zufall und der individuellen Ausrichtung der professionellen PBS_innen überlassen. Diese sind für den Einbezug der Genderperspektive in ihre Arbeit selbst verantwortlich. Die meisten Ausbildungsabsolvent_innen, setzen sich jedoch nicht selbstreflexiv mit Genderfragen auseinander[130]. Die Perspektiven Gender, Geschlecht und Frauen werden zwar toleriert, sind jedoch in den Lehrmeinungen und Theoriebildungen nicht offiziell und strukturell integriert und somit nicht nachhaltig verankert[131]. Folglich bedienen sich genderkompetente PBS_innen in eklektischer Weise aller vorhandener theoretischer Ansätze und praktischer Methoden.

Die meisten Ausbildungsinstitutionen berücksichtigen die Genderperspektive in ihren Curricula kaum, was zur Folge hat, dass angehende PBS_innen selten Genderkompetenzen und -performanzen für geschlechtergerechte PBS erwerben können, um ihre professionelle Verantwortung zu erfüllen. Um Ratsuchenden gerecht zu werden, muss die Kategorie Gender dringend durch eine entsprechende Qualitätssicherung gestützt, und in Theorie und Praxis in PBSausbildungen integriert werden. Als Beispiel dafür sei das Ausbildungs- und Forschungsinstitut EAG/FPI der Integrativen Theorie genannt, welches sich in einer eigenen Gender- und Diskriminierungserklärung zum engagierten Eintreten für die EU-Gleichbehandlungsrichtlinien mit den Zielen verpflichtet, die unterschiedlichen Situationen und Bedürfnisse von Frauen und Männern innerhalb der Weiterbildungen zu berücksichtigen, die geplanten Vorhaben auf ihre Auswirkungen auf Frauen, Männer und das Geschlechterverhältnis zu modifizieren und sie so zu gestalten, dass Chancengleichheit gefördert wird. Um diese Ziele durchzusetzen, werden Gender- und Diskriminierungsbeauftragte benannt, genderrelevante Daten in den Seminaren evaluiert, die Genderreflexion und Diskriminierungssensibilität in den Aus- und Weiterbildungen gefördert und der Transfer dieser Kompetenzen und Performanzen in die Arbeit mit Patient_innen und Klient_innen unterstützt.

2.3 Internetauftritt

In der gegenständlichen Untersuchung werden professionelle Internetauftritte analysiert. Diese sind sowohl im Kontext von PBS als auch im Zusammenhang mit Sprache zu erläutern.

2.3.1 Definitionen

Als Internetauftritt wird die Website einer natürlichen Person, eines Unternehmens oder einer Institution bezeichnet. Eine Website ist die Gesamtheit der hinter einer Webadresse stehenden Seiten im World Wide Web. Sie besteht aus einer Homepage und meist mehreren Webseiten, die durch eine übergreifende Navigation verknüpft sind. Die Homepage ist eine über das Internet als grafische Darstellung abrufbare Datei, die als Ausgangspunkt bzw. Startseite zu den angebotenen Informationen einer Person, Firma oder Institution dient. Als Webseiten werden die einzelnen Seiten einer Website bezeichnet[132]. Obwohl die Begriffe *Website* und *Homepage* nicht dasselbe beschreiben, werden sie umgangssprachlich oft synonym verwendet.

2.3.2 Die Website als Medium von PBS_innen

Websites sind Trägerinnen von Informationen und dienen der Verständigung in einem kommunikativen Prozess zwischen Ersteller_innen und Adressat_innen[133]. Sie sind Mittel des Selbstausdrucks und somit „Botschaften von mir, über mich, durch mich, für mich und an Andere" (Hilarion G. Petzold & Ilse Orth, 1985, S. 59). PBS_innen werben mit ihren kommerziellen Internetauftritten für sich und ihre Dienstleistungen und stellen mittels des World Wide Web Kontakt zu Ratsuchenden und interessierten Leser_innen her. Ungeachtet ihrer Kompetenzen können im Internet alle Personen ihre Dienstleistungen anbieten. Dieser Umstand erschwert User_innen, die Qualifikation der PBS_innen und die Qualität der Angebote zu beurteilen[134].

Um User_innen das Erkennen der Qualifikationen und Kompetenzen zu ermöglichen, sind PBS_innen angehalten, auf ein professionelles Erscheinungsbild zu achten und einen transparenten und authentischen Blick auf die eigene Person, ihr Selbstverständnis, ihre Fachlichkeit und ihr spezifisches Angebot zu gewähren. Das österreichische Bundesministerium für Gesundheit hält in ihrem *Berufskodex für Psychotherapeutinnen und Psychotherapeuten* zum Thema *Psychotherapeutische Leistungen in der Öffentlichkeit*[135] fest:

— Im Interesse der Förderung und Wahrung des Ansehens des psychotherapeutischen Berufsstandes sowie vor allem auch im Interesse der Ratsuchenden und Psychotherapiebedürftigen ist ein verantwortlicher Umgang mit jeder Form des Anbietens psychotherapeutischer Leistungen in der Öffentlichkeit geboten. Unter die grundlegende Verpflichtung zur sachlichen und wahren Information über den eigenen Berufsstand, über die eigene Qualifikation und über Art und Umfang der angebotenen psychotherapeutischen Leistungen fallen insbesondere:
  1. die Verpflichtung zur Führung der Berufsbezeichnung „Psychotherapeutin" oder „Psychotherapeut" im Zusammenhang mit der Berufsausübung, verbunden mit dem Recht auf Führung der in der Psychotherapeutenliste *[sic]* eingetragenen Zusatzbezeichnungen;
  2. die Verpflichtung zur Führung der Bezeichnung „Psychotherapeutin in Ausbildung unter Supervision" oder „Psychotherapeut in Ausbildung unter Supervision" in ausgeschriebener Form;
  3. die Verpflichtung zur klaren Bezeichnung der tatsächlich praktizierten psychotherapeutischen Methoden und Verfahren; die Unterlassung jeglicher Irreführung hinsichtlich der eigenen fachlichen Kompetenz (z. B. hinsichtlich der erlernten und praktizierten psychotherapeutischen Methoden und Verfahren);
  4. die Verpflichtung, bei Werbung und Ankündigungen in der Öffentlichkeit fachlichen Gesichtspunkten strikt den Vorrang vor kommerziellen Gesichtspunkten einzuräumen; Werbung oder Ankündigungen sind dabei auf das sachlich Gebotene zu beschränken:
     – wahrheitswidrige Werbung, fachfremde Werbung, irreführende Werbung oder marktschreierische Werbung (d. h. Ankündigungen, die nicht wörtlich, sondern

als nicht ernst gemeinte Übertreibung aufgefasst werden) ist unzulässig; unter fachfremder Werbung sind Behandlungsangebote, Ausbildungen, erlernte Techniken oder Methoden zu verstehen, die grundsätzlich keine Inhalte oder Techniken einer anerkannten psychotherapeutischen Methode im Sinne des Psychotherapiegesetzes oder nicht fachlich anerkannt sind;
- Werbung und Ankündigungen sollen jedoch ausreichende Information über Art und Umfang der angebotenen Leistungen sowie über die geforderten Entgelte und die Rechte der Patientinnen und Patienten enthalten.

Für Berater_innen führt die österreichische *Gewerbeordnung der Lebens- und Sozialberatung* als Hilfestellung und Qualitätsmerkmal im *§ 6. Berufsbezeichnungen und Werbung*[136] folgende Kriterien an:
1. Lebens- und Sozialberater *[sic]* dürfen insbesondere im Umgang und Geschäftsverkehr mit ihren Klienten *[sic]* und in Ankündigungen ihre Berufsbezeichnung nicht mit berufsfremden Zusätzen verbinden (z. B. esoterischer Lebensberater *[sic]*).
2. Lebens- und Sozialberater *[sic]* haben sich insbesondere im Umgang und Geschäftsverkehr mit ihren Klienten *[sic]* und in Ankündigungen jeder unsachlichen oder unwahren Information im Zusammenhang mit der Ausübung ihres Berufes zu enthalten.
3. Lebens- und Sozialberater *[sic]* haben sich insbesondere im Umgang und Geschäftsverkehr mit ihren Klienten *[sic]* und in Ankündigungen jeder unsachlichen oder unwahren Information im Zusammenhang mit der Ausübung ihres Berufes zu enthalten.

2.3.3 Website und Sprache

Befunde aus den Kommunikationswissenschaften belegen eindeutig den Einfluss des Sprachgebrauchs auf die Beziehung zwischen PBS_innen und Patient_innen bzw. Klient_innen[137]. Sprachlicher Ausdruck und differenzierter Einsatz von Sprache wirken sich auf die Wahrnehmung der Expertise und Vertrauenswürdigkeit der PBS_innen aus. Personen, die in ihren Website-Texten Fachtermini anwenden, werden als kompetenter und verlässlicher eingeschätzt, als solche, die umgangssprachliche Formulierungen und Redewendungen, sowie einen *reißerischen* Ton benutzen. Die Verwendung von Zitaten kann, wenn diese von kompetenten Quellen stammen, die Kompetenzzuschreibungen für PBS_innen fördern. Weniger förderlich auf die Vertrauenswürdigkeit wirken anekdotenhafte Mitteilungen und Beschreibungen sowie Informationen, die von User_innen als verzerrt und parteilich wahrgenommen werden.

Wolfgang Dzeyk[138] zitiert Studien, die belegen, dass formale Fehler, wie Orthografie-, Grammatik- und Tippfehler, auf Websites die Glaubwürdigkeit der Inhaber_innen hinsichtlich ihrer Kompetenzen stark herabsetzen. Er kommt in seiner empirischen Untersuchung zu dem Ergebnis, dass User_innen mit höherer formaler Bildung Website-Ersteller_innen mit Orthografiefehlern in ihrem Angebot weniger Glaubwürdigkeit attestieren als solche mit geringerer Bildung. Da Fehler auch Hinweise auf die Genauigkeit und Korrektheit des Inhalts liefern, deuten sie nicht nur auf die Nachlässigkeit der Autor_innen hin, sondern lassen zudem geringere fachliche Qualifikationen vermuten. Vollständige Kontaktinformationen und Vorkehrungen zur Gewährleistung des Datenschutzes und der Datensicherheit werden von User_innen mit einer positiven

Beurteilung der Glaubwürdigkeit eines Online-Angebotes quittiert. Sie zeigen in der Folge höhere Bereitschaft, Kontakt aufzunehmen.

Intensive Recherchen in einschlägigen Datenbanken ergaben keine Treffer für Studien, die sich explizit mit geschlechtergerechter Sprache in professionellen Internetauftritten von Psychotherapeut_innen, psychosozialen Berater_innen oder Supervisor_innen auseinandersetzen. Geschlechtergerechtes Formulieren wurde bisher lediglich in Stellenangeboten[139], Frauenzeitschriften[140], Tageszeitungen[141] und Schulbüchern[142] untersucht. Die im Folgenden beschriebene Untersuchung leistet einen Beitrag, diese Forschungslücke ein Stück weit zu schließen, indem sie die kommerziellen Internetauftritte von PBS_innen heranzieht, um den verwendeten Sprachgebrauch auf ihre Geschlechtergerechtigkeit zu analysieren.

Endnoten

1. Surur Abdul-Hussain, 2014.
2. Ruth Großmaß, 2014.
3. Sabine Scheffler & Agnes Büchele, 2014.
4. Silke Gahleitner & Elena Ossola, 2016.
5. Surur Abdul-Hussain, 2014.
6. Brigitte Schigl, 2014.
7. Elisabeth Tuider, 2014.
8. Claudia Neusüß & Julia Chojecka, 2008.
9. Brigitte Schigl, 2012, S. 107.
10. Judith M. Kero & Brigitte Schigl, 2017.
11. Hannelore Bublitz, 2010.
12. Lydia Schambach-Hardtke, 2003.
13. Falter, Nr. 32/17.
14. Falter Nr 32/17, S. 20.
15. BMFSFJ, 2003.
16. Lann Hornscheidt, 2012.
17. Soi Nagl-Pietris, 2008.
18. Daniel Elmiger, 2009.
19. Hellinger, Pusch, Trömel-Plötz, 1982, Wodak, Feistritzer, Moosmuller, Doleschal, 1987, zit. nach Wetschanow und Doleschal, 2012.
20. Karin Wetschanow & Ursula Doleschal, 2012.
21. Silke Gahleitner & Elena Ossola, 2007.
22. Ilse Lenz, 2008.
23. Karin Wetschanow & Ursula Doleschal, 2012.
24. zit. nach Kristina Reiss, 2008.
25. Kristina Reiss, 2008.
26. Surur Abdul-Hussain, 2014.
27. AG Feministisch Sprachhandeln, 2014.
28. Lann Hornscheidt, 2012.
29. Norbert Nothbaum & Gisela Steins, 2010.
30. Elisabeth Wehling, 2016, S. 15.
31. Paula-Irene Villa, 2010.
32. Senta Trömel-Plötz, 2008.
33. Kristina Reiss, 2008.

34. zit. nach Kristina Reiss, 2008.
35. Dagmar Stahlberg und Sabine Sczesny, 2001, S. 132.
36. Karin Wetschanow & Ursula Doleschal, 2012.
37. Karin Wetschanow & Ursula Doleschal, 2012.
38. Jutta Rothmund & Brigitte Scheele, 2004.
39. Lann Hornscheidt, 2012.
40. Kristina Reiss, 2008, S. 744.
41. Karin Wetschanow & Ursula Doleschal, 2012.
42. Luise F. Pusch, 2013.
43. ENIC NARIC AUSTRIA, 2013, S. 8.
44. Karin Wetschanow & Ursula Doleschal, 2012.
45. Bianca Friesenbichler, 2008.
46. Karin Wetschanow & Ursula Doleschal, 2012.
47. Annette Klosa, Anette Auberle & Dudenredaktion/Bibliographisches Institut, 2001.
48. Lann Hornscheidt, 2012.
49. Lann Hornscheidt, 2012.
50. Regula Bühlmann, 2002, S. 184.
51. Manfred Kienpointner, 2000.
52. Friederike Braun et al., 1998, S. 269.
53. Melanie Greve et al., 2002, S. 161.
54. Regula Bühlmann, 2002, S. 181.
55. Friederike Braun, 2007, S. 189.
56. Lann Hornscheidt, 2012.
57. Karin Wetschanow & Ursula Doleschal, 2012.
58. Bettina Stuckard, 2000.
59. Melanie Greve et al., 2002.
60. Surur Abdul-Hussein, 2014.
61. ▶ http://www.genderkompetenz.info/genderkompetenz-2003-2010/gender/genderkompetenz.html.
62. ▶ http://www.bmfsfj.de/BMFSFJ/gleichstellung,did=192702.html.
63. Frank Nestmann et al., 2004.
64. Ruth Großmaß, 2014.
65. Marion Breiter, 2014.
66. Brigitte Schigl, 2010.
67. Marion Breiter, 2014.
68. Ursel Sickendiek, 2004.
69. Sabine Scheffler, 2013, 2014.
70. Bettina Zehetner, 2014.
71. Ruth Großmaß, 2014.
72. Angelika Grubner, 2014.
73. Carmen Tatschmurat, 2004.
74. Brigitte Schigl, 2012.
75. Sabine Scheffler 2013.
76. Elisabeth Tuider, 2014.
77. Carmen Tatschmurat, 2004.
78. Silke Gahleitner & Elena Ossola, 2007.
79. Bettina Zehetner, 2014.

2.3 · Internetauftritt

80. Marietta Winkler, 2014.
81. Heike Schader, 2011.
82. Brigitte Schigl, 2012.
83. Brigitte Schigl, 2012.
84. Brigitte Schigl, 2014.
85. Brigitte Schigl, 2014, S. 100.
86. Sabine Scheffler, 2009.
87. Carmen Tatschmurat, 2004.
88. Brigitte Schigl, 2014.
89. Heike Schader, 2011.
90. Martin K. W. Schweer & Robert P. Lachner, 2014.
91. Martin K. W. Schweer & Robert P. Lachner, 2014, S. 35.
92. Brigitte Schigl (2012).
93. Sabine Scheffler & Büchele, 2014.
94. Heike Schader, 2011, S. 102.
95. Irmgard Vogt, 2004.
96. Thomas Laqueur, 1992.
97. Silke Gahleitner & Elena Ossola, 2007.
98. ▸ https://www.uni-rostock.de/fileadmin/uni-rostock/UniHome/Presse/Pressemeldungen/Broschuere_din_a4_audiovisuelle_Diversitaet_v06072017_V3.pdf.
99. Heidi Möller, 2014.
100. Ursel Sickendiek, 2004.
101. Heidi Möller, 2014.
102. Liselotte Nausner, 2007.
103. Ursel Sickendiek, 2004.
104. Martina Belz & Anita Riecher-Rössler, 2013.
105. Brigitte Schigl, 2016.
106. Martina Belz & Riecher-Rössler, 2013.
107. Eva-Maria Krebs-Roubicek, 2013.
108. Astrid Lampe & Luise Reddemann, 2013, S. 440 ff.
109. Jens Gaab, 2013.
110. Judith Alder & Johannes Bitzer, 2013.
111. Carmen Tatschmurat, 2004.
112. Martin K. W. Schweer & Robert P. Lachner, 2014.
113. Carmen Tatschmurat, 2004.
114. Carmen Tatschmurat, 2004.
115. Ursel Sickendiek, 2004.
116. Eva-Maria Krebs-Roubicek, 2013.
117. Ursel Sickendiek, 2004).
118. Carmen Tatschmurat, 2004.
119. Ursel Sickendiek et al., 2008.
120. Angelika Grubner, 2014, S. 56).
121. Luise F. Pusch, 1999, S. 20 f.
122. Hilarion G. Petzold zit. nach Silke Gahleitner & Elena Ossola, 2007.
123. Silke Gahleitner & Elena Ossola, 2007.
124. Heidi Möller, 2014.
125. Hilarion G. Petzold, 2007.
126. Sabine Scheffler, 2014.

127. Sabine Scheffler, 2014, S. 47.
128. Sabine Scheffler, 2013.
129. Angela Grubner, 2014.
130. Heidi Möller, 2014.
131. Traude Ebermann, 2014.
132. Duden Online Wörterbuch.
133. Ralf Bolhaar, 2010.
134. Waldemar Dzeyk, 2005.
135. ▶ http://old.sfu.ac.at/data//berufskodex_fuer_psychotherapeutinnen.pdf, 2012, S. 11.
136. ▶ http://www.bildungsmanagement.ac.at/download/lsb-gesetzliche_grundlagen.pdf, 2002.
137. Waldemar Dzeyk, 2005.
138. Waldemar Dzeyk, 2005.
139. Melanie Greve et al., 2002.
140. Bettina Stuckard, 2000.
141. Regula Bühlmann, 2002.
142. Franziska Schärer, 2008.

Empirische Studie

3.1 **Untersuchung 1: Qualitative Diskursanalyse – 50**
3.1.1 Auswertung, Analyse und Interpretation der Ergebnisse – 50
3.1.2 Zusammenfassung – 58

3.2 **Untersuchung 2: Quantitative Erhebung – 59**
3.2.1 Quantitative Untersuchungsergebnisse – 60
3.2.2 Diskussion und Interpretation – 65

© Springer Fachmedien Wiesbaden GmbH, ein Teil von Springer Nature 2019
J. M. Kero, *Websites geschlechtergerecht und antidiskriminierend formulieren*,
https://doi.org/10.1007/978-3-658-24852-9_3

Der weibliche Protest gegen männliche Definitionsmacht wird belächelt. Weibliche Forschungsansätze werden als „unwissenschaftlich" deklariert.
Gerda Weiler, feministische Forscherin

Zusammenfassung

In diesem Kapitel erwarten Sie eigene Forschungsergebnisse, die ich anhand einer qualitativen und einer quantitativen Untersuchung professioneller Internetauftritte von Psychotherapeut_innen, Berater_innen und Supervisor_innen analysiert habe. Wissenschaftlich detailinteressierte Leser_innen finden im Kapitel Forschungsdetails ergänzendes Arbeitsmaterial. Die Forschungsfragen danach, welche Personenbezeichnungsformen österreichische PBS_innen in ihren Internetauftritten in Bezug auf ihre Selbstbezeichnung (ihrem präsentierten Geschlecht entsprechend) verwenden, ob mittels geschlechtergerechter Sprachformen auf Adressat_innen Bezug genommen wird, in welchen Kontexten welche Sprachformen verwendet werden und ob alters- bzw. geschlechtsspezifische Unterschiede die Verwendung geschlechtergerechter bzw. antidiskriminierender Sprache beeinflussen, werden anhand zweier sprachfokussierter Diskursanalysen untersucht. In Untersuchung 1 (U1) werden 34 per Zufallsauswahl ermittelte Internetauftritte psychosozialer Berater_innen einer qualitativen sprachfokussierten Diskursanalyse mit dem Ziel unterzogen, Hypothesen zur Art und Weise der Verwendung geschlechtergerechter Formulierungen in den Website-Texten psychosozialer Berater_innen zu generieren. Untersuchung 2 (U2) evaluiert anhand einer quantitativen Analyse den geschlechtergerechten Sprachgebrauch der ermittelten 198 Psychotherapeut_innen (Stichprobe), 198 Berater_innen (Vollerhebung) und 124 Supervisor_innen (Vollerhebung), die auf eine Website verweisen. Für die Auswertung wurden die erhobenen Daten im Sinne des Persönlichkeitsschutzes anonymisiert.

In den folgenden Unterkapiteln werden die Ergebnisse und Befunde der qualitativen Forschung beschrieben. Erhebungsmethode, Sampling und detaillierte Angaben zu beiden Untersuchungen sind für interessierte Leser_innen im Kapitel Forschungsdetails (▶ Kap. 6) zu finden. Ebenso kann die Analyse der quantitativen Erhebung mit den genauen Zahlen und Grafiken übersprungen und lediglich die Zusammenfassung gelesen werden.

3.1 Untersuchung 1: Qualitative Diskursanalyse

Im Kapitel Forschungsdetails (▶ Kap. 6) befinden sich die genauen Erläuterungen zu den Forschungsfragen (▶ Abschn. 6.1), zur angewendeten Erhebungsmethodik (▶ Abschn. 6.2), zum Kodierhandbuch (▶ Abschn. 6.3) und zum Sample (▶ Abschn. 6.5).

3.1.1 Auswertung, Analyse und Interpretation der Ergebnisse

Zuerst wurden die detailliert beschriebenen Beobachtungen aus 17 Websites je Gender-Gruppe in das dafür entwickelte Analyseraster (▶ Abschn. 6.4) eingetragen. In einem zweiten Schritt wurden sie deskriptiv zusammengefasst, interpretiert, mit Beispielen und einer Schlussfolgerung versehen, in welcher die auf geschlechtergerechtes Formulieren angewendete Achtsamkeit der Berater_innen in folgende Kategorien eingeteilt wurde:

3.1 · Untersuchung 1: Qualitative Diskursanalyse

- *hohe Achtsamkeit:* gewissenhafte Anwendung
- *teilweise achtsam:* inkonsequente Anwendung
- *geringe Achtsamkeit:* vereinzelte Anwendung
- *keine Achtsamkeit:* keine Anwendung

In einem letzten Schritt wurden die erfassten Inhalte nach den Kategorien und Kontexten des Kodierhandbuches komprimiert, gebündelt und beschrieben:

3.1.1.1 Selbstreferenzkategorien

Die folgenden fünf Kategorien Webadresse, E-Mail-Adresse, akademischer Grad, Berufsbezeichnung und Ausbildungsbezeichnung bilden die Gruppe der *Selbstreferenzkategorien,* da nur aus ihnen hervorgeht, ob Berater_innen geschlechtsspezifisch auf sich selbst referieren oder nicht.

- **Selbstbezeichnung in der Webadresse**

Von den 34 analysierten Berater_innen verwenden neun eine geschlechteridentifizierende Formulierung durch Verwendung der Vor- und Nachnamen in ihren Webadressen *(www.maria-musterfrau.at).* Acht Personen wählen ihre Nachnamen, jedoch keine Vornamen bzw. lediglich die Initialen desselben und sind daher als Frauen oder Männer nicht identifizierbar. 17 Berater_innen benutzen keine Personenbezeichnungen in ihren Webadressen, sondern führen auf ihre Arbeit bezogene Bezeichnungen *(www.berater.at oder www.lebensberaterin.at)* an.

- **Selbstbezeichnung in der E-Mail-Adresse**

Von den 34 analysierten Berater_innen verwenden 14 eine geschlechteridentifizierende Formulierung durch Verwendung des Vor- und Nachnamens in ihrer E-Mail-Adresse *(maria@musterfrau.at).* Neun Berater_innen verwenden ihre Nachnamen, jedoch keine Vornamen bzw. lediglich die Initialen desselben und sind daher als Frauen oder Männer nicht erkennbar. Elf Personen benutzen keine Personenbezeichnungen in ihren E-Mail-Adressen, sondern führen auf ihre Arbeit bezogene Bezeichnungen an *(office@berater.at).*

- **Selbstbezeichnung im akademischen Grad**

Von den sieben Frauen, die einen akademischen Grad anführen, verwendet eine die nicht-geschlechtergerechte Abkürzung *Dr.* und zwei wählen die geschlechterspezifischen Formen *Mag.a* und *Mag.^{a}*. Von diesen beiden führt eine diese Form jedoch nicht konsequent durch, sondern bezeichnet sich an anderer Stelle mit dem nicht-geschlechtergerechten *Mag.*, welches auch von zwei weiteren Frauen angeführt wird, an. Es fällt auf, dass nahezu alle Frauen mit akademischem Grad diesen mit geringer bzw. keiner Achtsamkeit movieren. Dies kann sowohl an fehlender Achtsamkeit, als auch an der Begründung liegen, dass eine Abkürzung nicht mehr zu feminisieren ist, wenn sie beispielsweise mit dem Vornamen angegeben und durch diesen das Geschlecht ersichtlich wird. Männer benötigen aufgrund der androzentrischen Norm keine Achtsamkeit bei der Angabe ihres akademischen Grads. Zwei Beraterinnen geben den neutralen Grad *MSc* an, für den es (noch) keine geschlechterspezifische Form gibt.

- **Selbstbezeichnung in der Berufsbezeichnung**

Frauen movieren bezogen auf ihre Selbstbezeichnung in der Berufsbezeichnung ausnahmslos konsequent: Lebens- und Sozialberaterin, Trainerin, Supervisorin, Teamentwicklerin, Systemaufstellerin, Psychologin, Mediatorin, Mobbingberaterin, Betriebsprüferin, Referentin. Weder wählen Beraterinnen maskulin, noch Berater feminin formulierte Berufsbezeichnungen für die eigene Person, wobei sich Männer nicht bewusst für geschlechtergerechte Formulierungen entscheiden müssen, da die Verwendung des Maskulinums die androzentrische Norm darstellt. Weiters kommen Partizipialformen zum Einsatz *(Lehrlingsbeauftragte, Vortragende)*, ein einziges Mal wird der neutrale Begriff Leitung angegeben. Trotzdem der englische Begriff Coach noch keine weibliche Entsprechung im Deutschen hat, da er nicht über die leichter zu movierende grammatikalische –er Ableitung verfügt, wie es bei den Begriffen Trainer_in und Manager_in der Fall ist, movieren zwei Beraterinnen mit Coachin. Es scheint ihnen wichtig zu sein, sich als Frauen zu erkennen zu geben. Wählen Frauen eine weibliche Personenbezeichnung in der Selbstreferenz, entscheiden sie aufgrund ihrer Sozialisation oder einer Bewusstseinsleistung, die androzentrische Norm nicht anzuwenden.

- **Selbstbezeichnung in der Ausbildungsbezeichnung**

In der Kategorie Ausbildungsbezeichnungen finden sich unterschiedliche Angaben, am häufigsten werden neutrale Formulierungen *(Studium des Sozialwesens, Studienlehrgang, Mediationsausbildung)*, seltener andere geschlechtergerechte Formulierungen *(Intensivlehrgang für ElternbildnerInnen)* gewählt. Nicht geschlechtergerecht referieren einige Berater auf sich als Männer *(Lebensberaterausbildung, Gruppentrainerausbildung)*, einige Beraterinnen auf sich als Frauen *(Ausbildung zur diplomierten Lebens- und Sozialberaterin)* und eine Beraterin, die ihre Ausbildungsbezeichnung generisch maskulin formuliert: *Dolmetscherstudium*. Einige Beraterinnen identifizieren sich beachtenswerterweise mit einer maskulin formulierten Ausbildungsbezeichnung, indem sie diese generisch maskulin benennen. Jene Berater_innen, die ihre Ausbildungen generisch maskulin bzw. generisch feminin bezeichnen, scheinen nicht zu bedenken, dass sowohl Frauen als auch Männer an diesen teilnehmen und sie daher die Formulierung geschlechtergerecht anpassen sollten. Oftmals sind definitive Ausbildungsbezeichnungen in den untersuchten Websites nicht klar differenziert und häufig mit Berufsbezeichnungen gemischt angegeben.

Eine Internetrecherche zeigte die Inkonsistenz einschlägiger Ausbildungsanbieter_innen im Umgang mit geschlechtergerechter Sprache hinsichtlich ihrer Angebote; während einige neutral *(Lebens- und Sozialberatung, Psychosoziale Beratung)* oder geschlechtergerecht *(Diplomlehrgang zum/zur Lebens- und Sozialberater/in)* formulieren, mangelt es anderen Anbieter_innen an Bewusstsein für geschlechtergerechte Sprache, indem sie das generische Maskulinum anwenden: *Werden Sie staatlich diplomierter Coach und Lebens- und Sozialberater* oder: *Lebens- und Sozialberater: Begleiter in schwierigen Situationen*. Da die Ausbildungsinstitute ihre Angebote nicht konsistent geschlechtergerecht formulieren, kann nicht davon ausgegangen werden, dass die dort ausgebildeten Berater_innen für geschlechtergerechte Sprache sensibilisiert werden und dementsprechende Kompetenzen entwickeln können. Dies deckt sich mit den Erkenntnissen aus dem theoretischen Teil, dass Berater_innen persönlich für den Erwerb von Genderkompetenz verantwortlich sind, da diese in den Ausbildungsinstitutionen kaum vermittelt werden.

3.1.1.2 Anrede

Bis auf zwei sprechen alle Berater_innen ihre Zielgruppen mit der Anrede *Sie* an, eine Frau und fünf Männer verwenden zusätzlich das persönlichere *Du*. Einer der Berater duzt Jugendliche. In Österreich ist es üblich, Menschen ab einem Alter von 16 Jahren mit *Sie* anzusprechen, Jugendliche sind es jedoch gewöhnt, mit *Du* benannt zu werden. Duzen Berater_innen Jugendliche auf ihren Websites, kann interpretiert werden, dass sich diese damit angesprochen fühlen. Die Beraterin verwendet einmalig die Formulierung: *Hinterlasse eine Antwort. Du musst angemeldet sein, um einen Kommentar abzugeben.* Einer der Berater formuliert in Bezug auf einen Newsletter: *Bleib informiert!* Zwei Berater, die vor allem esoterische Inhalte wie Astrologie, Energiearbeit oder Klangschalencoaching anbieten, verwenden die in dieser Szene gebräuchliche Anrede *Du*. Von erwachsenen Adressat_innen könnten den Berater_innen durch die saloppe Anrede *Du* und reißerische Formulierungen mangelnde Kompetenz, Professionalität und Vertrauenswürdigkeit, ja sogar Respektlosigkeit unterstellt werden, wie schon im Theorieteil abgehandelt. Ein weiterer Berater formuliert in Bezug auf seine Preisgestaltung: *Wir reden mit euch anhand eurer Erfahrung.* Wird eine intime Anrede im Zusammenhang mit der Preisgestaltung angewendet, lässt sich die Intention vermuten, potenziellen Klient_innen in Bezug auf die Kosten ein Mitspracherecht einzuräumen.

3.1.1.3 Bezeichnungen im Fließtext

Im Fließtext finden sich neben dem nicht-geschlechtergerechten Benennen von Personen verschiedenste Varianten geschlechtergerechten Formulierens. Es entsteht der Eindruck, dass die Mehrheit der Berater_innen mehr oder weniger mit dem Thema vertraut sind und es bewusst umsetzen wollen. Drei Beraterinnen und vier Berater, das sind rund 20 % der Untersuchungsgruppe, verwenden im Fließtext ausschließlich das generische Maskulinum. Einer dieser Berater gibt paradoxerweise eine Zusatzkompetenz in *Gender Mainstreaming* an, scheinbar wird hierbei keine Kompetenz im geschlechtergerechten Sprachgebrauch vermittelt. Zwei Berater, die ausschließlich im generischen Maskulinum formulieren, bieten explizit Männerberatung an. Bei Leser_innen könnte hier der Eindruck erweckt werden, dass die Ersteller_innen keinerlei Interesse hegen, Frauen mit ihren Websites anzusprechen. 20 % der analysierten Berater_innen weisen gar keine Achtsamkeit für geschlechtergerechte Formulierungen in ihren Texten auf. Anzumerken ist, dass sich darunter drei Frauen befinden. Sie verweisen zumindest auf sich selbst mit einer feminin movierten Berufsbezeichnung, eine hält auch diese Bezeichnung sprachlich neutral.

Ein einziger Berater verwendet die als nicht geschlechtergerecht empfohlene Legaldefinition: *Aus Gründen der leichteren Lesbarkeit der Texte habe ich auf die Schreibweise in beiderlei Geschlechter verzichtet.* Paradoxerweise setzt er vereinzelte geschlechtergerechte Formulierungen ein. Er ignoriert damit nicht nur seine eigene Vorgabe, sondern auch die Empfehlungen der *Leitfäden zum geschlechtergerechten Sprachgebrauch*. Dies könnte als abwertende Haltung Frauen gegenüber interpretiert werden und seine Beratungskompetenz infrage stellen.

Bei den auf den Websites identifizierten generisch maskulinen Formulierungen werden die Personenbezeichnungen in jene im Singular und im Plural unterteilt. Die Verwendung des generischen Maskulinums im Singular ist nicht geschlechtergerecht und vermitteln den Eindruck, die Texte ohne Gendersensibility verfasst und kontrolliert zu haben. Für Formulierungen im Plural existiert keine einheitliche Norm und kann so interpretiert werden, dass sich Berater_innen hierbei nach dem Duden orientieren.

Feministische Sprachwissenschafter_innen kritisieren jedoch, dass dadurch nicht sichtbar wird, ob Frauen mitgemeint sind oder nicht.

Berater_innen sprechen im Fließtext gelegentlich von sich in der dritten Person. Dabei kommt es vor, dass Frauen auf sich bezogen nicht movieren: *begleitet von einem Berater…*oder *mit mir als …Experten*. Beim Lesen dieser Passagen entsteht der Eindruck, die Beraterinnen meinen sich damit selbst, da sie ja das Angebot erstellen. Im Impressum bezeichnen sich manche Beraterinnen als *Herausgeber* oder auch als *Anbieter* ihrer Website. Interpretiert werden kann dies dahin gehend, dass es sprachlich noch keine durchgängige Identifikation gibt und die Selbstreferenz auf sich als Frau noch nicht internalisiert ist. Zu den häufig vorkommenden generisch maskulinen Formulierungen zählen solche wie *jedes Einzelnen, jeder* usw. Hier scheint es noch kein Bewusstsein dafür zu geben, dass auch die Adressat_innen Frauen und Männer sind, die geschlechtergerecht angesprochen werden wollen.

Kennzeichnend ist, dass geschlechtergerechte Sprachformen nicht in den Alltag integriert scheinen und daher beim Schreiben von Texten extra Aufmerksamkeit darauf verwendet werden muss, um den Leitfäden entsprechend zu formulieren. Das Bemühen der Umsetzung ist erkennbar, jedoch scheint die sprachliche Gleichstellung noch nicht verinnerlicht zu sein, sonst würde konsequent geschlechtergerecht formuliert werden, zumindest in der eigenen Personenbezeichnung.

Generell fällt auf, dass die Formulierungen in den Quellentexten, wie Gesetzestexte, Zitate, Haftungstexte, Impressum, Geschäftsbedingungen, etc., die im generischen Maskulinum gehalten sind, direkt übernommen und weder von Frauen noch von Männern geschlechtergerecht umformuliert werden. Hier finden sich viele Komposita wie *Urheberrechte, Kleinunternehmerregelung, Arbeitnehmervertretung, Ärztekammer*. Diese wortgetreuen Übernahmen könnten als Absicherung interpretiert werden, denn sie repräsentieren die sicherste Art des Zitierens. Nur einmal wird ein Kompositum geschlechtergerecht angeführt: *KundInnennutzen*. Weitere Beispiele für verwendete Komposita der analysierten Websites sind *Partnerschaftsberatung, Freundeskreis, Referententätigkeit, Mitarbeiterentwicklung, Kundenwünsche*.

Aus der Analyse der geschlechtergerechten Formulierungen in den Fließtexten kann herausgefiltert werden, dass in allen Websites die in den verschiedenen *Leitfäden zum geschlechtergerechten Formulieren* empfohlenen Formen in den Fließtexten sehr gemischt und mehr oder weniger konsequent eingesetzt werden. Als geschlechtergerechte Formen werden das Binnen-I, die Schrägstrichvariante und die Paarform in dieser Reihung verwendet und spiegeln möglicherweise den formalen schriftlichen Ausdruck, wie er in Stellenangeboten, Formularen, Zeitungsartikeln etc. gelegentlich zur Anwendung kommt, wider. Zweimal kommt das generische Femininum vor. Hier könnte interpretiert werden, dass es sich um Tippfehler handelt, das beabsichtigte Binnen-I also unabsichtlich klein geschrieben wurde *(Beraterinnen* statt *BeraterInnen)*. Einmal wird die Variante mit der Movierung in Klammern verwendet: *mein Partner (meine Partnerin)*, welche zu den nicht geschlechtergerechten Formen zählt.

3.1.1.4 Expert_innen

Mehr als die Hälfte der Berater_innen, die in ihren Internetauftritten auf Expert_innen *(Psycholog_innen, andere Berater_innen, Leiter_innen)* verweisen, tun dies in Übereinstimmung von Genus und Sexus *(Psychologin Maria Musterfrau)*. Hieraus lässt sich ein hohes Bewusstsein dafür ableiten, dass Frauen betreffende Personenbezeichnungen moviert werden sollen. Allfällige akademische Grade weiblicher Expertinnen werden jedoch nicht geschlechtergerecht angepasst *(Dr. Maria Musterfrau)*. Akademische Grade männlicher Experten sind, ob der androzentrischen Norm, immer geschlechtergerecht angepasst.

3.1.1.5 Navigationsleiste

Die Mehrzahl der Berater_innen versieht ihre Navigationsleiste mit neutralen Bezeichnungen *(Lebensberatung, Supervision, Über mich…)*. Drei Berater und zwei Beraterinnen wenden auch generisch maskuline Formulierungen an *(Meine Klienten, Schuldnerberatung, Links zu Partnern)*. Auffällig ist, dass unter diesen Menüpunkten oftmals auch bzw. ausschließlich Frauen angeführt sind. Hier kann sowohl interpretiert werden, dass im Plural laut Duden das generische Maskulinum verwendet werden kann, als auch dass keine wirkliche Aufmerksamkeit für geschlechtergerechte Personenbezeichnungen gegeben ist, nicht einmal für die Diskrepanz, die diese Bezeichnungen in Bezug auf die Inhalte darstellen.

3.1.1.6 Motti

Viele Berater_innen verwenden Motti, wie Zitate, Sinnsprüche und Leitsätze, in ihren Websites. Ungeachtet des Geschlechts der Verfasser_innen werden achtmal mehr Männer als Frauen zitiert. Das könnte daran liegen, dass von ihnen mehr Publikationen existieren, sie eher für Autoritäten gehalten oder ihnen aufgrund ihrer Dominanz mehr Kompetenzen zugeschrieben werden. Offensichtlich kommt den Verfasser_innen nicht in den Sinn, Männer und Frauen ausgeglichen zu zitieren. Sie scheinen keine Sensibilität für diesen Sachverhalt entwickelt zu haben. Obwohl das Recherche-Pool im Bereich der psychosozialen Beratung männerdominiert ist, sollte es keine Schwierigkeiten bereiten, zitierwürdige Frauen aufzufinden.

Die verwendeten Motti werden in keiner der qualitativ analysierten Websites geschlechtergerecht umformuliert. Möglicherweise herrscht die Meinung vor, ein Zitat sei nicht veränderbar. Zitate könnten so ausgewählt werden, dass sie entweder beide Geschlechter ansprechen oder, wie es in den meisten Websites der Fall ist, sie neutral formuliert sind. Oftmals sind die ausgewählten Zitate vermeintlich geschlechtsneutral formuliert *(Wer den Hafen nicht kennt, in den er segeln will, für den ist kein Wind ein günstiger, Seneca)*, auch indem allgemein vom Menschen die Rede ist *(Auch der innere Mensch hat Stellen, an denen er sich nicht selber kratzen kann, Karl-Heinrich Waggerl)* oder das Wort *man* verwendet wird *(Man sollte die Dinge so nehmen, wie sie kommen. Aber man sollte dafür sorgen, dass die Dinge so kommen, wie man sie möchte, Curd Götz)*. Einige Zitate haben *den Menschen* im Singular *(Die Umgebung, in der der Mensch sich den größten Teil des Tages aufhält, bestimmt seinen Charakter, Antiphon)* bzw. auch im Plural im Subjekt *(Viele Menschen wissen, dass sie unglücklich sind. Aber noch mehr Menschen wissen nicht, dass sie glücklich sind, Albert Schweitzer)*. Zitate und Redewendungen, die das Wort *man* oder den Begriff *Mensch* im Singular oder Plural beinhalten, sind nur vermeintlich geschlechtergerecht formuliert. Frauen fühlen sich möglicherweise nicht mitgemeint. Obwohl der Begriff *man* grammatikalisch auf beide Geschlechter referiert und somit neutral ist, kritisieren feministische Sprachwissenschafter_innen, dass er männlich semantisiert ist und somit einer Pseudo-Geschlechtsneutralisation gleichkommt. Es könnte Frauen schwerfallen, sich bei der Verwendung des Begriffes *Mensch* im Singular mitgemeint zu fühlen, da dieses Nomen mit Maskulinpronomen weitergeführt wird *(der Mensch, der…)* und dieser Umstand zu einem geringeren gedanklichen

Einbezug von Frauen führt, wie schon im Theorieteil näher erläutert wurde. Das Nomen *Mensch* erfährt somit oftmals eine geschlechtsspezifische maskuline Interpretation und wird nicht immer generisch (ungeschlechtlich) interpretiert. Bei der Verwendung der Bezeichnung *Menschen* im Plural können sich Frauen eher mitgemeint fühlen *(die Menschen, die..).*

3.1.1.7 Redewendungen

In der Kategorie Redewendungen wurden lediglich zwei Beispiele gefunden: *Weil MAN das nicht tut* und *Freund und Feind im Team*.

3.1.1.8 Besonderheiten

Diese Kategorie subsumiert die in den untersuchten Websites gefundenen Eigentümlichkeiten geschlechtergerechten Formulierens, die in keine andere Kategorie eingeordnet werden konnten. Unter der Überschrift *Kundenstimme* führt eine Beraterin ein Feedback einer Frau an. Es scheint ihr nicht aufzufallen, dass hier ein Widerspruch besteht. Ebenso wie bei der Aussage: *KlientInnen…werden zu Gewinnern* bzw. *Ihre Partnerin oder ihr Partner kann…ihr Lebenspartner sein*. Diese Formulierungen beinhalten keine Sprachlogik, es müsste daher *KlientInnen…werden zu GewinnerInnen* heißen. Bei der Formulierung *bei den Psychotherapeuten Birgit … und Mag. Wolfgang…* könnte angenommen werden, dass im Plural laut Duden die maskuline Formulierung verwendet werden kann.

Ebenfalls unter diese Kategorie fallen Rechtschreib- und Grammatikfehler, von denen sich in manchen Websites einige bis zahlreiche finden lassen und auffällig häufig mit dem Angebot esoterischer Inhalte korrelieren. Obwohl es Berater_innen laut *Gewerbeordnung der Lebens- und Sozialberatung* nicht gestattet ist, Beratungsangebote gemeinsam mit esoterischen Angeboten zu offerieren, kommt dies häufig vor. Die Website-Analyse zeigt eindeutig, dass alle Berater_innen, die Rechtschreibfehler machen, esoterische Angebote offerieren, aber nicht allen, die esoterische Inhalte anbieten, Rechtschreibfehler unterlaufen. Schon im Theorieteil konnte festgestellt werden, dass fehlerhafte Orthografie und Grammatik auf eine geringe Kompetenz und Sprachgewandtheit bzw. Nachlässigkeit der texterstellenden Personen hindeuten, die ihre Glaubwürdigkeit und professionelle Expertise verringern könnte.

3.1.1.9 Genderbetreffende Inhalte

Bei Berater_innen, die genderbetreffende Inhalte in Form von Seminaren und Vorträgen *(Ladies only; Männer – Frauen; Männerrede und Frauensprache),* oder genderspezifische Beratungen (Frauen- bzw. Männerberatung, Mütter- bzw. Väterberatung) bzw. Publikationen *(Typisch Schwiegermutter)* anbieten oder auf Links und Blogs verweisen, die genderspezifisch *(Männeranlaufstelle bei Schwangerschaftskonflikten, Frauennotruf)* sind, könnte angenommen werden, dass sie auf das Thema Gender besonders sensibilisiert sind. Werden Websites mit genderbetreffenden Inhalten unter dem Aspekt der geschlechtergerechten Sprache betrachtet, zeigt sich, dass von den sechs Frauen und fünf Männern, bis auf zwei Berater_innen, keine entsprechende Sensibilität erkennbar ist, wie diese Zusatzkompetenzen eigentlich vermuten lassen würden. Besonders paradox mutet jene Frau an, die Vorträge zum Thema der Geschlechtsunterschiede in der Kommunikation von Männern und Frauen anbietet – sie gehört zu jenen, die in der Analyse zur Kategorie *keine Achtsamkeit* im geschlechtergerechten Sprachgebrauch zählt, da sie geschlechtergerechte Sprachformen kaum und falls, willkürlich einsetzt.

Die drei der fünf Männer, die explizit den genderspezifischen Inhalt *Männer- und Väterberatung* anbieten, beabsichtigen offensichtlich nicht, Frauen mit ihren Websites anzusprechen. Dem Berater, der seine Website einerseits im generischen Maskulinum erstellt hat, andererseits jedoch ein Foto zeigt, das ihn als Berater mit einer Frau als Klientin abbildet, scheint nicht bewusst zu sein, dass sich Leserinnen dieser Website lediglich durch das Foto, jedoch nicht durch den Text, (mit)gemeint fühlen könnten. Es könnte erwartet werden, dass Berater_innen, die genderspezifische Inhalte anbieten bzw. auch Weiterbildungen im Gender Mainstreaming absolviert haben, sprachlich besonders sensibel sind. Dies ist jedoch nicht der Fall. Der Transfer von gendersensibler Theorie in geschlechtergerechte Sprachpraxis scheint viel Bewusstheit, Achtsamkeit und Reflexion zu erfordern. Dafür wäre auch von Ausbildungsinstituten eine gewisse Verantwortung einzufordern.

3.1.1.10 man

Das Pronomen *man (was man wirklich…; wenn man weiß)* wird von sieben Berater_innen (drei Frauen, vier Männer) verwendet. Es referiert grammatikalisch auf beide Geschlechter, da der Begriff singulare und plurale Vorstellungen von Menschen umfasst, und ist somit neutral. Die feministische Sprachwissenschaft kritisiert, dass *man* männlich semantisiert sei, dies wird mit seiner Nähe zum Substantiv *Mann* begründet, folglich kommt es einer Pseudo-Geschlechtsneutralisation gleich.

3.1.1.11 Vereinnahmende Formen

Zu dieser Kategorie zählt der Einsatz von wir, uns *(in unserem Leben befinden wir uns; in Situationen, in denen wir das Gefühl haben; mit unseren Möglichkeiten …; wir fühlen uns…)*, der bei 12 Berater_innen im Geschlechterverhältnis 1:1 Verwendung findet. Das sich mittels vereinnahmender Formen selbst Miteinbeziehen in den Text bzw. in die präsentierte Situation stellt eine persönliche Involvierung dar und könnte bei manchen Adressat_innen das Gefühl vermitteln, dass sie mit ihren Problemen nicht allein sind und sich gesehen und wahrgenommen fühlen. Es könnte jedoch auch den Eindruck von Unprofessionalität und nicht gut bei diesen Berater_innen aufgehoben zu sein erwecken, denn sie könnten eventuell für sich selbst auch keine Lösungen gefunden haben.

3.1.1.12 Gender_Gap, Stern, X-Form

Queere Strategien wie Gender_Gap, Stern und X-Form finden in den untersuchten Websites keinerlei Anwendung. Das kann einerseits damit erklärt werden, dass diese Varianten noch keine Verbreitung außerhalb des wissenschaftlichen bzw. universitären Kontextes gefunden haben, und andererseits bedeuten, dass alle analysierten Berater_innen von einer Binarität der Geschlechter ausgehen, sich daher ausschließlich als *Frauen* oder *Männer* darstellen und sich auch nur an *Frauen* und *Männer* richten.

3.1.1.13 Alter und Geschlecht

Von den 34 untersuchten Personen geben lediglich sieben Frauen und neun Männer ihren Geburtsjahrgang an. Die meisten Websites zeigen Photos der Berater_innen, deren Alter damit allenfalls geschätzt werden kann. Auch ist ungewiss, ob diese Photos aktuell sind. Elf Berater_innen zwischen 33 und 61 Jahren zeigen *geringe* bis *keine Achtsamkeit* im geschlechtergerechten Sprachgebrauch, zwei (57 und 63 Jahre) sind *teilweise achtsam* und drei (47, 55 und 58 Jahre) zeigen *hohe Achtsamkeit* im geschlechtergerechten

Tab. 3.1 Geschlecht und Achtsamkeit

		Kategorie Achtsamkeit				
		Hoch	Teilweise	Gering	Keine	Gesamt
Geschlecht	Frauen	2	5	7	3	17
	Männer	3	1	9	4	17
	Gesamt	5	6	16	7	34

Formulieren. Die Analyse der Korrelation zwischen Geschlecht und Achtsamkeit in Bezug auf die Verwendung geschlechtergerechter Sprachformen in den Texten der analysierten Websites lässt zwar deutliche Spuren von Achtsamkeit erkennen, die Mehrzahl sowohl der Frauen als auch der Männer weisen jedoch eher geringe bis keine Gendersensibilität auf (Tab. 3.1).

3.1.2 Zusammenfassung

Die folgende Zusammenschau subsummiert die relevanten Beobachtungen der qualitativen Analyse: Alle Untersuchungspersonen formulieren bezogen auf ihre Selbstbezeichnung in der Berufsbezeichnung übereinstimmend mit ihrem Geschlecht. Für Männer ist dies mit keinerlei Bewusstseinsleistung verbunden, da die Verwendung des Maskulinums die androzentrische Norm darstellt. Wählen Frauen eine weibliche Personenbezeichnung in der Selbstreferenz, entscheiden sie aufgrund ihrer Sozialisation oder eines bewussten Entschlusses diese androzentrische Norm nicht anzuwenden. Die gewissenhafte Verwendung der Übereinstimmung von Genus und Sexus lässt sich nicht konsequent in allen fünf Selbstreferenzkategorien (Web- und E-Mail-Adresse, akademischer Grad, Berufs- und Ausbildungsbezeichnung) beobachten. Die Website-Texte spiegeln durch die sprachlich inkonsistente Selbstbezeichnung die nicht durchgängige feminine Identifikation als Frauen wider. Auffallend ist, dass nahezu alle Frauen mit akademischen Graden diesen nicht bzw. nicht konsequent movieren. Als Männer und Frauen machen sich all jene Berater_innen sichtbar, deren volle Namen in den Web- und E-Mail-Adressen angeführt sind. Nicht identifizierbar hingegen sind jene Personen, die lediglich Initiale für ihre Vornamen oder neutrale Bezeichnungen in den Adressen wählen.

In den Textinhalten der Websites, mit denen Zielgruppen und Adressat_innen angesprochen werden, kommen die verschiedenen, in Leitfäden empfohlenen geschlechtergerechten Sprachformen bunt gemischt zur Anwendung. Neben Formulierungen im generischen Maskulinum werden als geschlechtergerechte Formen das Binnen-I, die Schrägstichvariante und die Paarform in dieser Reihung der Häufigkeit verwendet. Lediglich ein Berater bedient sich mit der Legaldefinition einer Form, die ausdrücklich als nicht-geschlechtergerecht beschrieben wird.

Ausbildungsbezeichnungen und Menüpunkte auf den Navigationsleisten beinhalten überwiegend neutrale Personenbezeichnungen. Einige Beraterinnen identifizieren sich beachtenswerterweise mit einer maskulin formulierten Ausbildungsbezeichnung, indem sie diese (generisch) maskulin benennen.

Die qualitative Analyse macht deutlich, dass der Faktor Intertextualität einen großen Einfluss auf die Form von Personenbezeichnungen hat: fast ausnahmslos werden diese von Quellentexten (Gesetzestexte, Haftungstexte, Impressum, Geschäftsbedingungen etc.) wortgetreu übernommen, meist (generisch) maskulin formuliert und nicht geschlechtergerecht angepasst. Die wörtliche Übernahme von Personenbezeichnungen könnte als Absicherung interpretiert werden, denn sie ist die sicherste Art des Zitierens. Berater_innen weisen in diesen Kontexten noch keine Achtsamkeit für die sprachliche Gleichstellung auf. Darüber hinaus scheinen sich Berater_innen kaum Gedanken darüber zu machen, Motti (Zitate, Sinnsprüche, Leitsätze) auszuwählen, die beide bzw. alle Geschlechter ansprechen.

Geschlechtergerechte Sprachformen scheinen nicht in den Alltag von Berater_innen integriert zu sein. Daher müssen sie beim Schreiben von Texten besondere Aufmerksamkeit aufwenden, um den Leitfäden entsprechend zu formulieren. Sowohl Umsetzungsbemühungen als auch Spuren von Achtsamkeit sind deutlich erkennbar, die sprachliche Gleichstellung scheint jedoch noch nicht verinnerlicht zu sein, sonst würde konsequent geschlechtergerecht formuliert werden, zumindest in den auf sich selbst referierenden Personenbezeichnungen. Die Mehrzahl sowohl der Frauen als auch der Männer weisen eher geringe bis keine Gendersensibilität in ihren Internetauftritten auf. Aus Sicht potenzieller Klient_innen könnte interpretiert werden, dass Berater_innen über mangelnde sprachliche Genderkompetenz verfügen und sich somit der Wichtigkeit und Notwendigkeit des Werkzeugs der geschlechtergerechten Sprache für die Identitätsbildung nicht bewusst sind. In manchen Fällen könnte sogar eine abwertende Haltung Frauen gegenüber interpretiert werden.

Ein beachtlicher Befund zeigt: je mehr sich die Bezeichnungen auf die eigene Person (Selbstreferenzkategorien) beziehen, desto korrekter werden sie geschlechtergerecht formuliert. Geschlechtsspezifisch betrachtet ist dies für Männer ob der androzentrischen Norm selbstverständlich, für Frauen allerdings aus demselben Grund nicht. Im Gegensatz zu Männern müssen Frauen hinsichtlich der Selbstbezeichnung eine Genderachtsamkeit und -kompetenz entwickeln. Diese lässt umso mehr nach, je mehr Frauen sich auf andere Personen beziehen (Ausbildungsbezeichnungen, Personenbezeichnungen für Adressat_innen, Navigation, Motti). Die Sprachwissenschaft unterstützt in ihren theoriegeleiteten Annahmen diese These. Sie besagt, dass überall dort, wo Personenbezeichnungen eine *referenzielle Funktion* haben, d. h. auf eine konkrete Person bzw. Personengruppe verweisen, die Tendenz zu movierten Formen höher ist[1]. Der beobachtete Zusammenhang wirft die Frage auf, ob die Gendersensibilität von Beraterinnen zunimmt, je mehr sie sich auf sich selbst beziehen, bzw. abnimmt, je mehr sie sich auf Andere beziehen. Bei Männern stellt sich die interessante Frage, wie sie, ob der Tatsache, dass sie keine Achtsamkeit in der Selbstreferenz benötigen, sprachliche Genderkompetenz entwickeln können.

3.2 Untersuchung 2: Quantitative Erhebung

Gleichzeitig mit der oben beschriebenen qualitativen Untersuchung wurde ergänzend eine repräsentative quantitative Erhebung[2] über die sprachliche Genderkompetenz von Berater_innen erstellt (2016). Aus persönlichem Interesse und Neugier erweiterte ich diese um Untersuchungen der Internetauftritte von Psychotherapeut_innen und Supervisor_innen, um so ein repräsentatives Performing Gender-Verhalten der im psychosozialen Feld Tätigen abzubilden. Im Anschluss werden die Ergebnisse aller drei Berufsgruppen vorgestellt. Die diese Untersuchung betreffende Erläuterung der angewendeten Erhebungsmethode (▶ Abschn. 6.7), des Samples (▶ Abschn. 6.8), der eigens entwickelten Datenmatrix (▶ Abschn. 6.9) inklusive der Kategorienbeispiele (▶ Abschn. 6.10) können im Kapitel Forschungsdetails (▶ Kap. 6) nachgelesen werden.

3.2.1 Quantitative Untersuchungsergebnisse

Die quantitative Erhebung untersucht deskriptiv und interferenzstatistisch die gesamte Population der ermittelten Internetauftritte von PBS_innen. Die Untersuchung konnte repräsentative Ergebnisse liefern und zeigen, dass PBS_innen auf sich selbst konsequent geschlechtsspezifisch referieren, diese Konsequenz jedoch nicht mit derselben Achtsamkeit und Genderkompetenz in ihren psychosozialen Angeboten weiterführen, auch wenn dafür schon deutliche Spuren erkennbar sind. Damit kann die entsprechende Hypothese (▶ Abschn. 6.6), dass Beraterinnen umso konsequenter movieren, je mehr sich die Personenbezeichnungen auf die eigene Person beziehen, in der Berufsbezeichnung sogar ausnahmslos, bestätigt werden. Die Befunde zeigen auch, dass es kaum Unterschiede im Performing Gender-Verhalten zwischen den drei untersuchten Berufsgruppen gibt.

Für die quantitative Auswertung wurden die erhobenen Daten im Sinne des Persönlichkeitsschutzes anonymisiert. Prozentuelle Ergebnisse wurden zugunsten der Ablesbarkeit aus den Grafiken ganzzahlig gerundet. Durch eine Rundung auf ein oder mehrere Kommastellen würden sich ob des Samplings keine relevanten Ergebnisunterschiede zeigen.

3.2.1.1 Geschlechts- und Altersverteilung

Die Geschlechtsverteilung der Untersuchungspopulation liegt bei PB_innen bei 70 % Frauen und 30 % Männer, bei S_innen bei 63 % Frauen und 37 % Männer, und spiegelt die in der Literatur dokumentierte Beobachtung wider, dass mehrheitlich Frauen in beratenden und behandelnden Funktionen tätig sind. 63 % (n = 125) der P_innen, 59 % der B_innen (n = 116) und 65 % (n = 74) der S_innen gaben ihren Geburtsjahrgang an, deren Alter lag zwischen 29 und 69 Jahren und wurden in der Untersuchung in vier Altersgruppen eingeteilt: 29–39, 40–49, 50–59, 60–69 Jahre.

3.2.1.2 Selbstreferenzkategorien

In den fünf *Selbstreferenzkategorien* (Web- und Emailadresse, akademischer Grad, Berufs- und Ausbildungsbezeichnung) verwendeten ca. 15 % der P_innen (n = 198) und etwa 7 % sowohl der B_innen (n = 198) als auch der S_innen (n = 113) ausnahmslos geschlechtergerechte Personenbezeichnungsformen in allen Selbstreferenzkategorien. P_innen scheinen in diesen Kategorien erhöhte Achtsamkeit zu besitzen (◘ Abb. 3.1).

- **Web- und E-Mail-Adressen**

Knapp mehr als zwei Drittel der PBS_innen verwendeten geschlechtergerechte Formulierungen in ihren Web- und E-Mail-Adressen. Etwa 46 % der PS_innen und ca. 33 % der B_innen gaben das eigene Geschlecht in ihren Webadressen zu erkennen. In den E-Mail-Adressen verwendeten P_innen mit etwa 65 %, B_innen mit 53 % und S_innen mit ca. 59 % eher geschlechtsidentifizierende Angaben. Hier fällt auf, dass B_innen häufiger neutrale Personenbezeichnungsformen verwenden.

3.2 · Untersuchung 2: Quantitative Erhebung

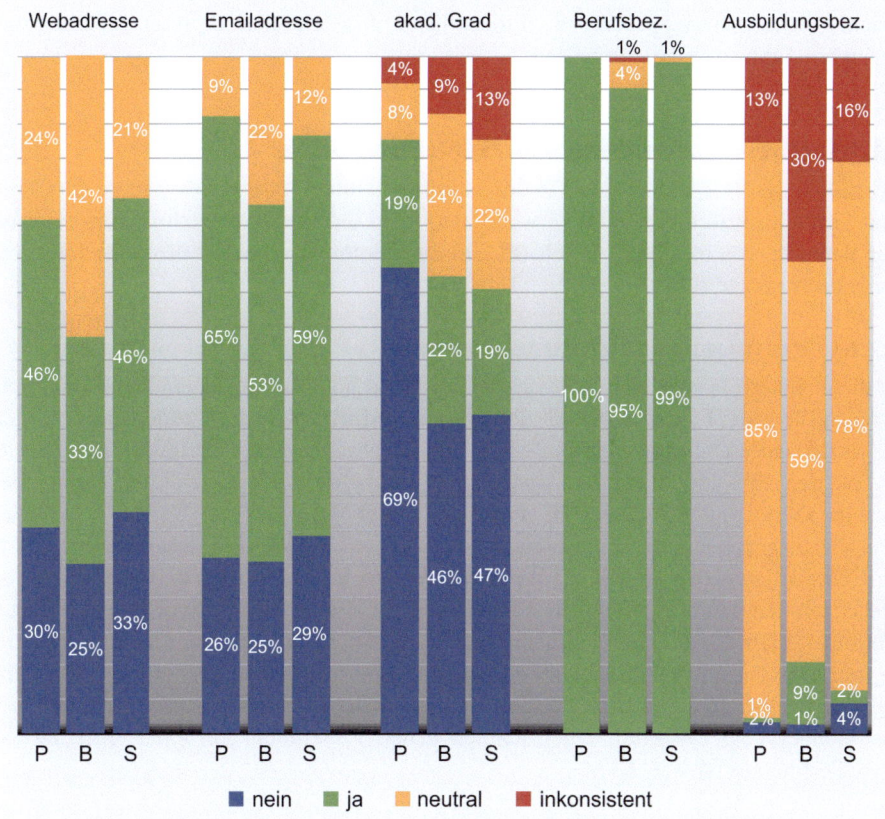

Abb. 3.1 Selbstreferenzkategorien

- **Akademischer Grad**

Von den 145 P_innen und den 89 S_innen mit akademischen Graden führten rund 19 % diesen geschlechtergerecht angepasst an, von den 81 B_innen sind es etwa 22 %. Hier scheinen B_innen gering erhöhte Aufmerksamkeit aufzuweisen.

- **Berufsbezeichnung**

Alle PBS_innen referieren in der Berufsbezeichnung zu nahezu 100 % ihrem präsentierten Geschlecht entsprechend konsistent auf sich selbst und zeigen damit die präzise Verwendung von geschlechtsspezifisch übereinstimmenden Personenbezeichnungen in der Selbstreferenz. BS_innen verwendeten zusätzlich neutrale Formen, die als geschlechtergerecht akzeptiert werden.

- ˋAusbildungsbezeichnung

85 % der P_innen, 59 % der B_innen und 78 % der S_innen, die eine Ausbildungsbezeichnung angaben, formulierten diese neutral und somit geschlechtergerecht. Es fällt auf, dass etwa ein Fünftel der PS_innen und ca. ein Drittel der B_innen geringe Achtsamkeit beim Verfassen bzw. Kontrollieren ihrer Texte aufweisen, da sie ihre

Ausbildungen durch die Verwendung sowohl geschlechtergerechter als auch nicht geschlechtergerechter Sprachformen inkonsistent bezeichneten. B_innen scheinen hier geringere Achtsamkeit aufzuweisen.

3.2.1.3 Übereinstimmung von Genus und Sexus

Etwa 58 % der 38 P_innen, ca. 72 % der 50 B_innen und 50 % der 26 S_innen, die Genus und Sexus im Zusammenhang verwendeten, taten dies in Übereinstimmung, etwa bei der Benennung von Expert_innen (◘ Abb. 3.2). B_innen scheinen in dieser Kategorie erhöht achtsam zu sein.

3.2.1.4 Personenbezeichnungsformen

In dieser Kategorie zeigt sich, dass das nicht geschlechtergerechte generische Maskulinum von rund 47 % der P_innen, ca. 53 % der B_innen und etwa 60 % der S_innen in ihren Internet-Texten eingesetzt wurde. Hier scheinen P_innen etwas höhere Achtsamkeit aufzuzeigen.

Werden PBS_innen auf die Verwendung der ausgewählten geschlechtergerechten Personenbezeichnungsformen hin untersucht, zeigt sich, dass das Binnen-I von allen drei Berufsgruppen am Häufigsten angewendet wird, wobei S_innen mit ca. 56 % eine eindeutige Mehrheit stellen. Während bei den PS_innen die Paarform an zweiter Stelle steht, ist es bei B_innen die Partizipialform. Die Schrägstrichvariante nimmt bei PB_innen Platz drei ein, bei S_innen ist es die Partizipialform. Einzig in der Gruppe der B_innen fanden queere Strategien keinerlei Anwendung. Jedoch sind es verschwindend geringe 1 % der P_innen und 2 % der S_innen, welche die antidiskriminierende Form des Gender_Gap einsetzen. Offensichtlich gehen PBS_innen von einer Binarität der Geschlechter aus (◘ Abb. 3.3).

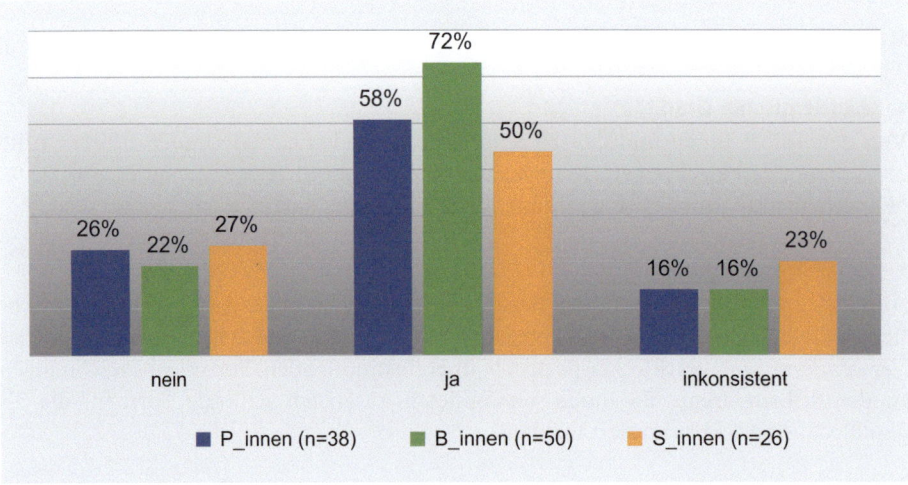

◘ Abb. 3.2 Übereinstimmung von Genus & Sexus

3.2 · Untersuchung 2: Quantitative Erhebung

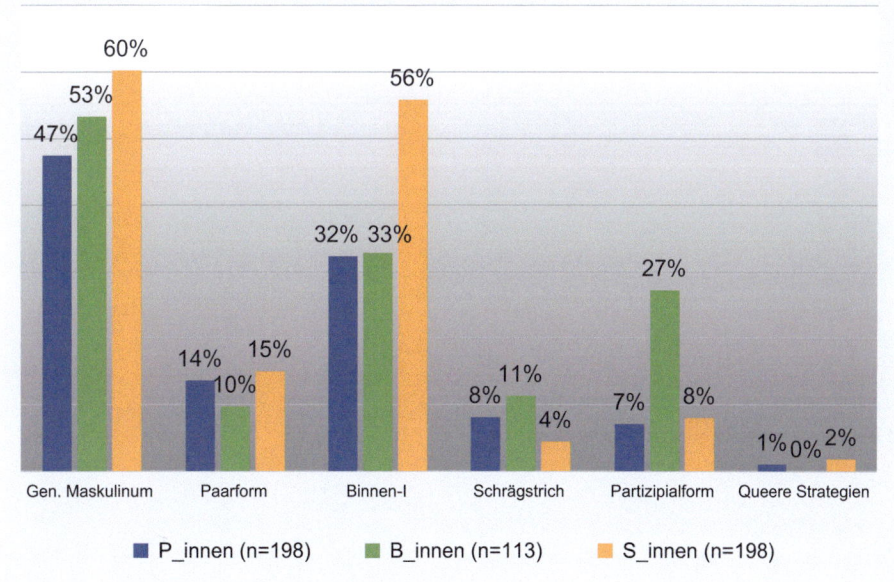

☐ **Abb. 3.3** Personenbezeichnungsformen

3.2.1.5 Genderbetreffende Inhalte
Rund 21 % der P_innen und etwa 18 % der S_innen, davon knapp doppelt so viele Frauen als Männer, und ca. 15 % der B_innen, davon geringfügig mehr Männer als Frauen, boten genderbetreffende Inhalte an.

3.2.1.6 Gendern in Motti
Etwa 92 % der 69 P_innen und jeweils rund 84 % der 76 B_innen und der 32 S_innen, die Zitate bzw. Sinnsprüche anführten, verwendeten neutrale Personenbezeichnungen. Während nur ca. 4 % der P_innen Motti im generischen Maskulinum angaben, taten dies etwa 14 % der beiden anderen Berufsgruppen und achteten nicht darauf, beide Geschlechter anzusprechen. Eine einzige Person – B_in – verwendete eine geschlechtergerechte Formulierung in einem Zitat.

3.2.1.7 Gendern in der Navigationsleiste
Eine überwiegende Mehrheit von über 90 % aller PBS_innen formulierten in der Navigationsleiste ihre Menüpunkte neutral und damit geschlechtergerecht.

3.2.1.8 Inkonsistenzen
In den Kategorien Übereinstimmung von Genus und Sexus (Übereinstimmung G&S), Gendern in der Ausbildungsbezeichnung, Gendern im akademischen Grad, Gendern in der Navigationsleiste und Gendern in der Berufsbezeichnung verwendeten PBS_innen inkonsistente Personenbezeichnungen. In der Kategorie Ausbildungsbezeichnungen fanden sich die meisten inkonsistenten Formulierungen. Hierbei wurden in jeweils derselben Webseite mindestens zwei unterschiedliche Angaben für die gleichen Personenbezeichnungen gefunden (☐ Abb. 3.4).

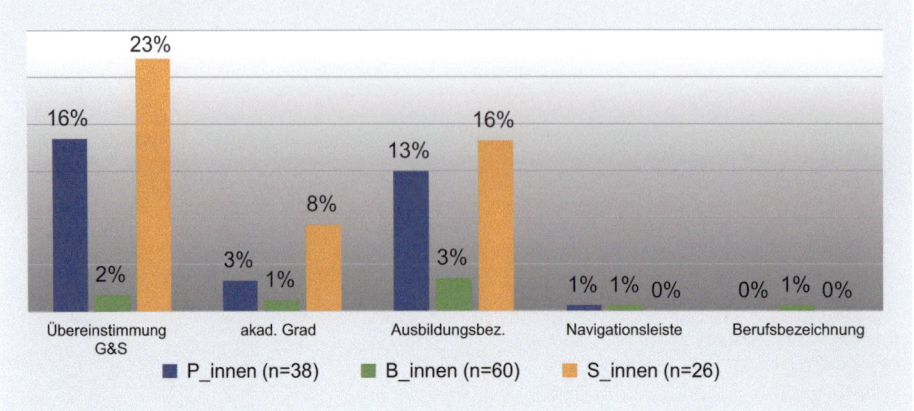

◘ Abb. 3.4 Inkonsistenzen

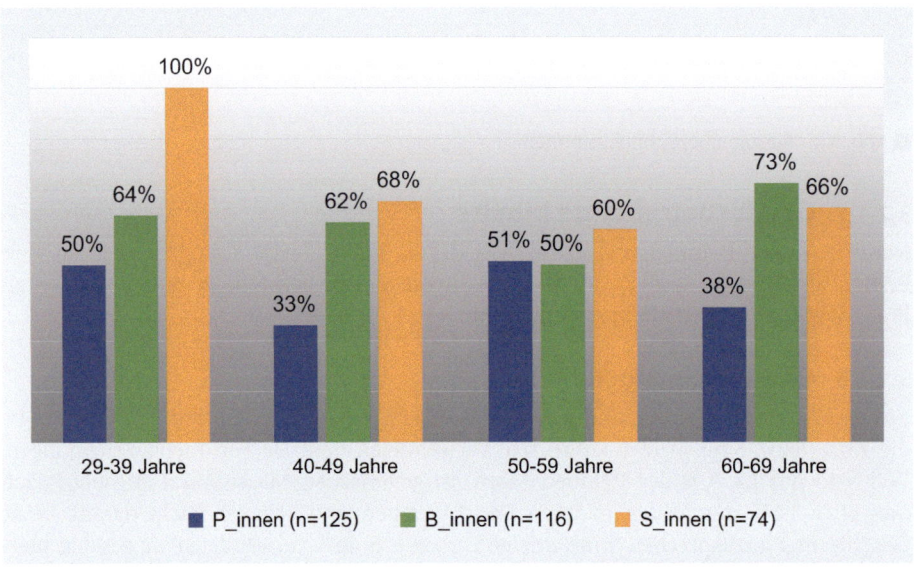

◘ Abb. 3.5 Gender – Fließtext – Alter

3.2.1.9 Alters- und geschlechtsspezifische Unterschiede

PBS_innen, die ihr Alter angaben, zeigten keine signifikanten altersbezogenen Unterschiede bezüglich der Verwendung geschlechtergerechter Formulierungen in ihren Fließtexten (◘ Abb. 3.5). Die Gruppe der 74 S_innen zwischen 29 und 39 Jahren zeigt zu 100 %, dass sie geschlechtergerechte Personenbezeichnungsformen in den analysierten Fließtexten anwenden, ob der kleinen Stichprobe ist dieses Ergebnis jedoch nicht signifikant (◘ Abb. 3.5).

Etwa 46 % aller P_innen, davon 45 % Frauen und 48 % Männer, setzten geschlechtergerechte Sprachformen in ihren Website-Texten ein. In der B_innengruppe verwendeten ca. 54 % der untersuchten Personen bzw. rund 54 % aller Frauen und ca. 55 % aller

3.2 · Untersuchung 2: Quantitative Erhebung

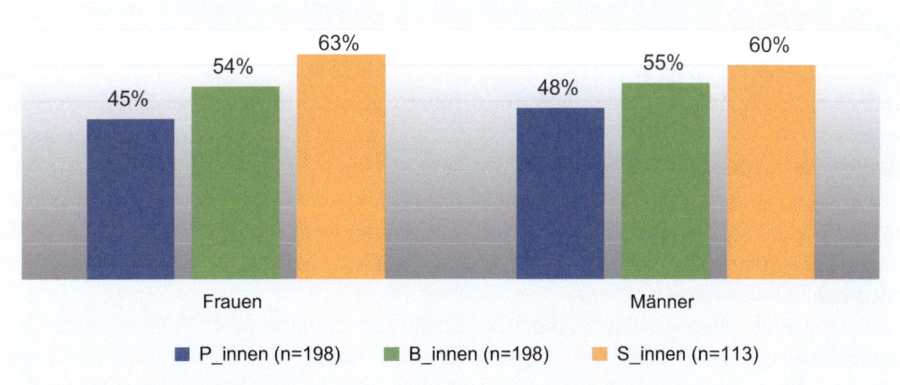

Abb. 3.6 Gender – Fließtext – Geschlecht

Männer geschlechtergerechte Formulierungen im Fließtext. Rund 67 % der Supervisorinnen und etwa 60 % der Supervisoren bzw. ca. 63 % aller, verwendeten geschlechtergerechte Formulierungen in ihren Website-Texten (Abb. 3.6).

3.2.2 Diskussion und Interpretation

Die quantitative Erhebung untersucht die gesamte PBSpopulation all jener Internetauftritte, aus welchen, ungeachtet der Anzahl an Webseiten, zwei Menüpunkte herausgegriffen wurden: die Selbstdarstellung der PBS_innen *(Über mich, Meine Person)* und deren berufsentsprechendes Angebot. Die Untersuchung konnte repräsentative Ergebnisse liefern und zeigen, dass PBS_innen auf sich selbst konsequent geschlechtergerecht referieren, diese Konsequenz jedoch nicht mit derselben Achtsamkeit und Genderkompetenz in ihren Angeboten weiterführen, auch wenn dafür schon deutliche Spuren erkennbar sind und damit die entsprechende Hypothese, dass PBSinnen umso konsequenter movieren, je mehr sich die Personenbezeichnungen auf die eigene Person beziehen, bestätigt werden kann.

Die Geschlechtsverteilung der Untersuchungspopulation liegt in den Gruppen der PS_innen bei 70 % Frauen und 30 % Männern, in der der S_innen bei 63 % Frauen und 37 % Männern, und spiegelt die in der Literatur dokumentierte Beobachtung wider, dass mehrheitlich Frauen in psychotherapeutischen und beratenden Funktionen tätig sind. Knapp über 60 % der PBS_innen gaben ihren Geburtsjahrgang an, deren Alter lag zwischen 29–69 Jahren.

In den fünf *Selbstreferenzkategorien* fällt auf, dass die Angaben der Berufsbezeichnungen nahezu 100 % in Übereinstimmung von Genus und Sexus erfolgen und damit die präzise Verwendung von geschlechtsspezifisch übereinstimmenden Personenbezeichnungen in der Selbstreferenz zeigen. Das Ergebnis unterstützt die Hypothese, dass PBS_innen ihre Berufsbezeichnungen ausnahmslos movieren. In den übrigen Selbstreferenzkategorien zeigt sich, dass sie zwar konsequenter movieren als in allen anderen Personenbezeichnungskategorien, jedoch nicht so konsistent wie in den Berufsbezeichnungen. Dies bestätigt sowohl die sprachwissenschaftliche These als auch die generierte Hypothese, dass PBS_innen umso konsequenter movieren, je mehr sich die Personenbezeichnungen auf die eigene Person beziehen.

Da Männer aufgrund der androzentrischen Norm keine Achtsamkeit bei der Angabe ihres akademischen Grads – sowie in allen anderen selbstreferenziellen Kategorien – aufweisen müssen, ist diese Kategorie ausschließlich für Frauen relevant. Von 145 P_innen und 89 S_innen mit akademischem Grad führen etwa 19 % diesen geschlechtergerecht angepasst an, von den 81 B_innen sind es rund 22 %. Hier scheinen B_innen gering erhöhte Aufmerksamkeit aufzuweisen. Da nahezu alle in Verbindung mit akademischen Graden ihre ausgeschriebenen Vornamen anführten, kann interpretiert werden, dass keine Notwendigkeit in der Feminisierung von Abkürzungen gesehen wird, wenn durch die Angabe des Vornamens das Geschlecht ersichtlich wird. Hierüber besteht eine anhaltende öffentliche Diskussion.

Knapp mehr als zwei Drittel der PBS_innen verwendeten geschlechtergerechte Formulierungen in ihren Web- und E-Mail-Adressen. Rund 46 % der PS_innen und etwa 33 % der B_innen gaben das eigene Geschlecht in ihren Webadressen zu erkennen. In den E-Mail-Adressen verwendeten P_innen mit ca. 65 %, B_innen mit etwa 53 % und S_innen mit rund 59 % geschlechtsidentifizierende Angaben. B_innen scheinen hierbei häufiger neutrale Personenbezeichnungsformen einzusetzen. Dass in den E-Mail-Adressen das Geschlecht der PBS_innen wesentlich häufiger sichtbar wird als in den Webadressen, kann durch deren persönlicheren Charakter interpretiert werden. Würden PBS_innen statt Initiale ihre ausgeschriebenen Vornamen integrieren, wäre das Geschlecht sofort sichtbar.

Rund 85 % der P_innen, ca. 59 % der B_innen und etwa 78 % der S_innen, die eine Ausbildungsbezeichnung angaben, formulierten diese neutral und somit geschlechtergerecht. Es fällt auf, dass etwa ein Fünftel der PS_innen und ca. ein Drittel der B_innen geringe Achtsamkeit beim Verfassen bzw. Kontrollieren ihrer Texte aufwiesen, da sie ihre Ausbildungen durch die Verwendung sowohl geschlechtergerechter als auch nicht geschlechtergerechter Sprachformen inkonsistent bezeichneten. B_innen scheinen hier weniger Achtsamkeit aufzuweisen. Formulieren PBS_innen ihre Ausbildungen generisch maskulin, scheinen sie nicht zu berücksichtigen, dass auch (sie als) Frauen diese Ausbildungen absolvieren.

Zirka 58 % der 38 P_innen, etwa 72 % der 50 B_innen und rund 50 % der 26 S_innen, die Genus und Sexus im Zusammenhang verwendeten, taten dies in Übereinstimmung, etwa bei der Benennung von Expert_innen. Sie scheinen bei der Verwendung geschlechtergerechter Bezeichnungen in Kombination mit Namen erhöhte Achtsamkeit aufzuweisen.

Die quantitativen Ergebnisse zeigen deutlich, dass hinsichtlich der Kategorie der Personenbezeichnungsformen, vermutlich entsprechend dem Verständnis der deutschen Grammatik als generische Form, rund 47 % der P_innen, etwa 53 % der B_innen und ca. 60 % der S_innen maskulin formulierte Personenbezeichnungen einsetzen, auch wenn alle psychokognitiven sprachwissenschaftlichen Studien ausnahmslos bestätigen, dass sich Frauen bei der Verwendung des generischen Maskulinums nicht mitgemeint fühlen. Hier scheinen P_innen etwas höhere Achtsamkeit aufzuzeigen. Weniger als die Hälfte der PBS_innen scheint demnach Achtsamkeit dafür zu haben, dass sich jene Interessentinnen, die mittels der Website angesprochen werden sollen, sich mit maskulinen Formulierungen eventuell nicht gemeint fühlen. Oft wurde das generische Maskulinum aus Kontexten, wie Gesetzestexte, Zitate, Haftungstexte, Impressum, Geschäftsbedingungen, etc. wortgetreu übernommen und nicht geschlechtergerecht angepasst, was ebenso auf geringe Achtsamkeit hinzuweisen scheint. Die wörtlichen

3.2 · Untersuchung 2: Quantitative Erhebung

Übernahmen könnten als Absicherung interpretiert werden, denn sie repräsentieren die sicherste Art des Zitierens.

Teilweise zusätzlich zu der nicht geschlechtergerechten Form des generischen Maskulinums, finden die in den sprachplanerischen Leitfäden empfohlenen geschlechtergerechten Formen, wie Paarform, Binnen-I, Schrägstrich, Neutralisierung, etc., Beachtung, wenn auch in unterschiedlichem Ausmaß: bei allen drei Berufsgruppen ist das Binnen-I die bevorzugte Form, wobei S_innen mit rund 56 % eine eindeutige Mehrheit stellen. Entgegen der im Theorieteil zitierten Annahme, dass das Binnen-I zunehmend weniger Anwendung findet, weil es als alternativ und an politische Ideologien gekoppelt wahrgenommen wird, zeigt sich, dass es am Häufigsten verwendet wird. Während bei den PS_innen die Paarform an zweiter Stelle steht, ist es bei B_innen die Partizipialform. Die Schrägstrichvariante nimmt bei PB_innen Platz drei ein, bei S_innen ist es die Partizipialform. Einzig in der Gruppe der B_innen fanden queere Strategien wie Gender_Gap, Stern und X-Form keinerlei Anwendung. Jedoch sind es lediglich verschwindend geringe 1 % der P_innen und 2 % der S_innen, die die antidiskriminierende Form des Gender_Gap einsetzen. Offensichtlich gehen PBS_innen von einer Binarität der Geschlechter aus.

Zirka ein Fünftel der PS_innen, davon knapp doppelt so viele Frauen als Männer, und rund 15 % der B_innen, davon geringfügig mehr Männer als Frauen, boten genderbetreffende Inhalte an. Beachtlich erscheint die Tatsache, dass jene PBS_innengruppe, die aufgrund ihrer Zusatzqualifikationen, wie Gender Mainstreaming, besonders sensibilisiert sein könnten - statistisch über keinerlei höhere sprachliche Genderkompetenz zu verfügen scheint als jene Mehrheit, die keine genderbetreffenden Inhalte anbieten.

Rund 92 % der 69 P_innen, ca. 84 % der 76 B_innen und etwa 84 % der 32 S_innen, die Zitate bzw. Sinnsprüche anführten, verwendeten neutrale Personenbezeichnungen. Während nur rund 4 % der P_innen Motti im generischen Maskulinum angaben, taten dies ca. 14 % der beiden anderen Berufsgruppen und achteten nicht darauf, beide Geschlechter anzusprechen. Unter Umständen herrscht hier die Meinung vor, ein Zitat sei nicht veränderbar. Eine einzige B_in verwendete eine geschlechtergerechte Formulierung in einem Zitat.

Eine überwiegende Mehrheit von 90 % aller PBS_innen formulierten in der Navigationsleiste ihre Menüpunkte neutral und damit geschlechtergerecht.

Etwa 20 % der P_innen, rund 30 % der B_innen und ca. 23 % der S_innen formulieren in den Kategorien *Übereinstimmung von Genus und Sexus, Gendern in der Ausbildungsbezeichnung, Gendern im akademischen Grad, Gendern in der Navigationsleiste* und *Gendern in der Berufsbezeichnung* inkonsistent. Bei den *Ausbildungsbezeichnungen* fanden sich bei allen PBS_innen die meisten inkonsistenten Formulierungen. Hier wurden in jeweils derselben Webseite mindestens zwei unterschiedliche Angaben für die gleichen Personenbezeichnungen gefunden. Ein Beispiel aus der Kategorie *Gendern in der Ausbildungsbezeichnung:* hier wurden die Bezeichnungen auf derselben Webseite in drei verschiedenen Sprachvarianten angeführt: als Lebensberatungsausbildung (neutral), als LebensberaterInnen-Ausbildung (geschlechtergerecht) und als Lebensberater-Ausbildung (nicht geschlechtergerecht). Inkonsistente Formulierungen lassen darauf schließen, dass PBS_innen ihre Texte nicht konsequent und achtsam formulieren bzw. kontrollieren. Dieser Befund bestätigt die Hypothese, dass sich in den drei untersuchten Berufsgruppen geschlechtergerechte Sprachformen noch nicht konsistent durchgesetzt haben.

PBS_innen, die ihr Alter angaben, zeigten keine signifikanten altersbezogenen Unterschiede bezüglich der Verwendung geschlechtergerechter Formulierungen in ihren Fließtexten. Die in der Theorie getätigte Aussage, dass jüngere Frauen seltener geschlechtergerecht formulieren als ältere, kann aufgrund der geringen Stichprobengröße in den einzelnen Teilsegmenten nicht bestätigt werden, obgleich sich die Ergebnisse an der Grenze zur tendenziellen Signifikanz bewegen.

Zirka 46 % aller P_innen, davon etwa 45 % Frauen und rund 48 % Männer, setzten geschlechtergerechte Sprachformen in ihren Website-Texten ein. In der B_innengruppe waren es ca. 54 % der untersuchten Personen bzw. rund 54 % aller Frauen und etwa 55 % aller Männer, die geschlechtergerechte Formulierungen im Fließtext verwendeten. In diesen beiden Gruppen konnte kein geschlechtsspezifischer Unterschied festgestellt werden. Eine leichte Tendenz in der Verwendung geschlechtergerechter Formen konnte zugunsten der Supervisor_innen beobachtet werden: rund 67 % der Supervisorinnen und etwa 60 % der Supervisoren bzw. ca. 63 % aller, verwendeten geschlechtergerechte Formulierungen in ihren Website-Texten.

Zusammenfassend kann festgehalten werden: insgesamt vier Personen der gesamten Untersuchungspopulation, davon zwei P_innen und jeweils ein_e B- und eine S_in genderten durchgehend in allen untersuchten Kategorien. Die gesamte Untersuchungspopulation weist einzig eine Beratungsperson aus, die in ihrem Internetauftritt keine einzige der empfohlenen geschlechtergerechten Sprachformen einsetzte. PS_innen verwendeten mindestens einmal in ihren Website-Texten eine geschlechtergerechte Formulierung. Dieser Befund kann dadurch verzerrt sein, dass Männer, die in ihren Website-Werbetexten keinerlei geschlechtergerechte Bezeichnungen verwendeten, in dieser Statistik nicht angeführt werden, weil sie beispielsweise auf sich selbst ihrem Geschlecht entsprechend konsistent referierten und daher zumindest im Selbstbezug geschlechtergerecht formulierten.

Endnoten

1. Karin Wetschanow (1995).
2. Judith M. Kero (2016).

Praktische Umsetzungshilfe: Checkliste

Alle Sprache ist Bezeichnung der Gedanken.
Immanuel Kant, deutscher Philosoph

Zusammenfassung
In dem Wissen, dass Sprache wirk- und handlungsmächtig ist und sich potenzielle Patient_innen/Klient_innen von Websites explizit angesprochen fühlen wollen, erhalten Sie hier als hilfreiches Instrument eine selbständig entwickelte Checkliste zur Erstellung geschlechtergerechter bzw. antidiskriminierender Texte in professionellen Internetauftritten an. Offerieren Sie als Verfasser_in eine gender-professionell formulierte Website, signalisieren Sie den an Ihrem Angebot Interessierten schon im ersten Kontakt Ihr Genderbewusstsein und ihre -kompetenz.

Da Internetauftritte oftmals den Erstkontakt mit Rat- und Hilfesuchenden bilden, ist dieser erste Eindruck hinsichtlich der zugeschriebenen Genderkompetenz der PBS_innen von entscheidender Bedeutung. Wie die angeführten psychokognitiven Studien der Sprachwissenschaft ausnahmslos belegen, fühlen sich Frauen bei der Verwendung des generischen Maskulinums keineswegs mitgemeint und mitbedacht und sind es nachweislich auch nicht. Zusätzlich untermauern die Befunde der vorgelegten zweiteiligen Studie, dass es für PBS_innen unerlässlich ist, im Wissen über die identitätsstiftende und essenzielle Funktion von Sprache sehr genau darauf zu achten, ihre Zielpersonen in deren jeweiligen Identitäten als Frauen und Männer bzw. auch jener, die sich nicht den beiden Geschlechtern zuordnen lassen (wollen), wahrzunehmen und explizit anzusprechen, damit sie sich sichtbar und gemeint fühlen und sich mit den Website-Werbetexten identifizieren können. Potenzielle Patient_innen/Klient_innen könnten sich durch die Verwendung diskriminierender Sprachformen ausgeschlossen fühlen. Welche Sprachformen von Website-Inhaber_innen gewählt werden, deutet somit auf ihre – zumindest sprachliche – Genderkompetenz und Achtsamkeit hin. Da keine verbindlichen Rechtsbestimmungen über die Verwendung antidiskriminierender Sprache in Internetauftritten vorliegen, obliegt es PBS_innen selbstbestimmt, ihre Werbetexte geschlechtergerecht bzw. antidiskriminierend zu formulieren. Welche Sprachformen von Website-Inhaber_innen gewählt werden, lässt Rückschlüsse auf ihre sprachliche Gendersensibilität und ihre Bewusstheit in Bezug auf das Thema Gender in der PBSpraxis zu. Anschließend werden die aus der angeführten Forschung ermittelten Erkenntnisse und Stolpersteine herausgefiltert und eine *Checkliste zur Erstellung geschlechtergerechter bzw. antidiskriminierender Texte in professionellen Internetauftritten* angeboten.

> **Checkliste zur Erstellung geschlechtergerechter bzw. antidiskriminierender Texte in professionellen Internetauftritten**
> - Prinzipielle Entscheidung für *eine* bevorzugte Variante der in den Leitfäden empfohlenen geschlechtergerechten Personenbezeichnungen, die in allen Webseiten konsequente Anwendung findet (▶ Abschn. 2.1.2.7). Bei den folgenden Punkten werden die Beispiele der geschlechtergerechten Formen variiert, um zu zeigen, dass alle je nach Vorliebe der Ersteller_innen verwendet werden können.
> - Web- und E-Mail-Adressen: Viele Ratsuchende haben eine genaue Vorstellung davon, welches Geschlecht ihr_e PBS_in haben soll, um ihre Anliegen gut bearbeiten zu können. Es könnte ein Service an alle Interessent_innen sein, in der Web- und E-Mail-Adresse das eigene Geschlecht durch die Verwendung

4 Praktische Umsetzungshilfe: Checkliste

- des ausgeschriebenen Vornamens anzugeben bzw. sie so zu formulieren, dass das eigene Geschlecht erkennbar wird: *www.berater.at, office@supervisorin.at* (▶ Abschn. 3.1.1.1)
- Einheitliche Schreibweise bei akademischen Graden, Berufsbezeichnungen und Ausbildungsbezeichnungen (▶ Abschn. 3.1.1.1)
- Verwendung der Anrede *Sie,* um die Seriosität des Angebotes zu unterstreichen, ausgenommen Angebote an Kinder und Jugendliche bis 16 Jahre (▶ Abschn. 3.1.1.2)
- Fließtexte: Hier schleichen sich besonders gern Fehler ein, daher gilt es, erhöhte Aufmerksamkeit auf die Vermeidung von maskulinen Formulierungen zu legen, u. a. durch Ersetzen der Pronomen *jeder* durch *alle* oder *jede und jeder* bzw. auch *je-mand, niemand, einer, keiner, man,…* (▶ Abschn. 2.1.2.7 *Umformulierungen*). Erhöhte Aufmerksamkeit gilt bei Formulierungen im Singular, nicht: *der Kunde* sondern *der Kunde und die Kundin* bzw. *der/die Kund/-in.*
- Beachtung kongruenter Selbstbezeichnungen: wenn eine Beraterin von sich in der dritten Person spricht, nicht *mit mir als…Experten* sondern *mit mir als…Expertin* (▶ Abschn. 3.1.1.3).
- Beachtung kongruenter Personenbezeichnungen: nicht: *KlientInnen…werden zu Gewinnern* sondern *KlientInnen…werden zu GewinnerInnen* (▶ Abschn. 3.1.1.3).
- Komposita: Es gilt hier eine Grundsatzentscheidung treffen, Personenbezeichnungen in zusammengesetzten Wörtern zu splitten: nicht *Partnerschaft* sondern *Partner_innenschaft* (▶ Abschn. 3.1.1.3) bzw. nicht zu splitten.
- Navigationsleiste: Beachtung der Übereinstimmung der Menüpunktbezeichnung mit den darunter angeführten Personen: nicht *Partner & Links* sondern *Partner/-innen & Links* bzw. nicht *Kundenstimmen* sondern *Kund/-innenstimmen* (▶ Abschn. 3.1.1.5) bzw. eine Umformulierung, wie *Referenzen*.
- Bei der Benennungen von Expert_innen auf die Übereinstimmung von Genus und Sexus achten: *Psychologin Dr.^in Maria Musterfrau* (▶ Abschn. 3.1.1.4)
- Motti und Redewendungen: Augenmerk auf eine ausgewogene Zitatauswahl von Frauen, Männern und queeren Personen legen. Hierbei auf geschlechtergerechte Formulierungen achten, gegebenenfalls umformulieren und pseudoneutrale Formen meiden, wie: *Der Mensch, der…; Man sollte…* (▶ Abschn. 3.1.1.6)
- Besonderes Augenmerk auf die geschlechtsspezifische Bezeichnung der eigenen Person im Impressum legen: nicht *Herausgeber: Eva Musterfrau* sondern *Herausgeberin: Eva Musterfrau.* Das gilt ebenso für Gesetzestexte, Haftungstexte und Geschäftsbedingungen, wo bei der Übernahme darauf geachtet werden muss, ob diese auch geschlechtergerecht formuliert sind bzw. sie entsprechend umzuformulieren (▶ Abschn. 3.1.1.3)
- Beachtung des Designs: Fotos, Farbgebung, Ornamente auf der Website, die Geschlechterideologien bzw. die geschlechterstereotype Darstellungen fördern, unterlassen. Mit Designs von Schmetterlingen und Blumenwiesen fühlen sich Männer vermutlich nicht angesprochen (▶ Abschn. 3.1.1.9)
- Beachtung des Einhaltens der gesetzlichen Vorgaben: keine wahrheitswidrige, fachfremde, irreführende oder marktschreierische Werbung, sowie kein Mischen von berufsbezogenen und esoterischen Angeboten (▶ Abschn. 2.3.2)
- Alle Texte abschließend einer sorgfältigen Rechtschreib-, Grammatik- und gewissenhaften Performing Gender-Prüfung unterziehen (lassen).

Einige dieser Checklistenpunkte sind vor allem für Frauen und queere Personen relevant, denn im Gegensatz zu Männern müssen diese hinsichtlich der Selbstbezeichnung über besondere Genderachtsamkeit und -kompetenz verfügen. Wie die angeführten Forschungsbefunde belegen, zeigen Frauen in der Berufsbezeichnung absolute Genderkonsequenz, daher gilt es, hinsichtlich der weiteren Selbstreferenzkategorien erhöhte Achtsamkeit zu entwickeln. Sowohl Frauen und queere Personen als auch Männer sind im Weiteren gefordert, ihre Performing Genderkompetenz auf potenzielle Patient_innen/Klient_innen zu erweitern. Werden die angeführten Punkte der Checkliste beim Erstellen professioneller Websites von PBS_innen berücksichtigt, können sich alle Adressat_innen in ihrer Person und jeweiligen Gender-Identität wahrgenommen und angesprochen fühlen und den PBS_innen folglich auch Kompetenzen in diesem Bereich attribuieren.

Plädoyer

> Die Vision des Feminismus ist nicht eine ‚weibliche Zukunft'. Es ist eine menschliche Zukunft. Ohne Rollenzwänge, ohne Macht- und Gewaltverhältnisse, ohne Männerbündelei und Weiblichkeitswahn.
> Johanna Dohnal, Feministin, Politikerin und erste Frauenministerin Österreichs

Zusammenfassung
Im folgenden Resümee werden die wesentlichen Eckdaten der theoretischen Grundlagen, der Forschung und den sich daraus ergebenden Schlussfolgerungen zusammengefasst.

Meine intensive Auseinandersetzung mit der Theorie und der darauf aufbauenden Forschung zur Verwendung geschlechtergerechter Sprache der im psychosozialen Feld Tätigen, führte mich auf die unvorhergesehene Reise vom binären, also zweigeschlechtlichen, zum antidiskriminierenden, also alle Geschlechter einbeziehenden, Sprachgebrauch. Eine für mich aufschlussreiche Erkenntnis aus der theoretischen Recherche war u. a., dass alle psychokognitiven sprachwissenschaftlichen Studien ausnahmslos belegen, dass sich Frauen (und sicherlich auch queere Personen) bei der Verwendung des generischen Maskulinums nicht mitgemeint und mitbedacht fühlen (können) und es nachgewiesenerweise auch nicht sind. Die Dringlichkeit des dem präsentierten Geschlecht entsprechenden Wahrgenommen- und Angesprochen-Werdens war mir immer schon klar, jedoch nicht in dieser essenziellen, um nicht zu sagen existenziellen Konsequenz bewusst, und veranlasst mich, Kolleg_innen an meinen Erkenntnissen über die Wichtigkeit der Bedeutung und Verwendung von Sprache teilhaben zu lassen. Denn: ein kompetenter und achtsamer Umgang mit dem fundamentalen und in Beratungs- und Behandlungsprozessen unverzichtbaren Werkzeug Sprache sollte zu den Grundkompetenzen von Psychotherapeut_innen, Berater_innen und Supervisor_innen zählen, insbesondere wenn Psychotherapie, Beratung und Supervision dem Anspruch der Gendersensibilität - in Wort und Tat, denn wir tun, was wir sagen - gerecht werden wollen. Damit würde im Sinne des Gender Mainstreaming ein wesentlicher Beitrag zur Gleichstellung und Chancengleichheit aller Geschlechter im Denken, Sprechen und Handeln für die psychosoziale Beratungs- und Behandlungslandschaft geleistet.

Zwei kritikwürdige Beobachtungen aus der qualitativen Forschung seien hier nochmals hervorgehoben: Einerseits die bedauerliche Bestätigung, dass Personen, die genderbetreffende Inhalte anbieten, über keinerlei höhere sprachliche Genderkompetenz verfügen. Und andererseits ein Umstand, der von rechtlicher Relevanz ist: obwohl es Psychotherapeut_innen, Berater_innen und Supervisor_innen nicht gestattet ist, ihre berufsspezifischen Angebote gemeinsam mit esoterischen zu offerieren, kommt dies in den untersuchten Internetauftritten erstaunlich häufig vor und ist für die Seriosität dieser Berufsstände nicht förderlich.

Zusammenfassend möchte ich nochmals nachdrücklich betonen, dass Psychotherapeut_innen, Berater_innen und Supervisor_innen, sowie alle Personen, die gender-professionelle Websites erstellen wollen, beim Schreiben von Texten besondere Aufmerksamkeit aufwenden müssen, um den Leitfäden entsprechend zu formulieren. Die sprachliche Gleichstellung scheint noch nicht verinnerlicht zu sein, denn die Mehrzahl sowohl der Frauen als auch der Männer weisen eher geringe bis keine Gendersensibilität in ihren kommerziellen Internetauftritten auf. Die untersuchten Websites lassen im Hinblick auf sprachliche Gleichbehandlung und geschlechtergerechten Sprachgebrauch einerseits deutliche Spuren von Achtsamkeit und Umsetzungsbemühungen erkennen, wissen jedoch andererseits mit dem Werkzeug und der Wirkung von Sprache nur bedingt umzugehen. Denn: zumindest in ihren Internetauftritten zeigen sie, trotz der Möglichkeit der Kontrollierbarkeit im schriftlichen Ausdruck, inkonsequenten und inkonsistenten Einsatz geschlechtergerechter bzw. antidiskriminierender Personenbezeichnungsformen. Abhilfe könnte durch die konsequente Verwendung der *Leitfäden für geschlechtergerechtes Formulieren* geschaffen werden. Eine bewusste Entscheidung für die Verwendung einer bevorzugten Variante und die Beachtung kongruenter Formulierungen und Bildmaterialien müssen dem allerdings vorausgehen. Unerlässlich ist es, abschließend die Website-Texte nicht nur einer Rechtschreib- und Grammatik-, sondern auch einer gewissenhaften Performing Gender-Prüfung zu unterziehen, wofür ich unterstützend eine *Checkliste zur Erstellung geschlechtergerechter bzw. antidiskriminierender Texte in professionellen Internetauftritten* ausgearbeitet habe.

Die Aussicht, Berufskolleg_innen für die Themen Performing- und Doing Gender zu interessieren und zu sensibilisieren, motivierten mich, dieses Buch vorzulegen. Als gelungen betrachte ich es, wenn meine Erkenntnisse aus Theorie und Forschung und die daraus entwickelte *Checkliste* dabei unterstützen, geschlechtergerechte bzw. antidiskriminierende Sprache – nicht nur in professionellen Internetauftritten - einzusetzen und sie selbstverständlich zu benutzen. Denn: wo gender-entsprechende Benennungen fehlen, können sich antidiskriminierende Gedanken nicht konstituieren. Es ist daher von äußerster Wichtigkeit, die eigene Sprache so zu wählen, dass sie die persönliche Sicht auf die (Gender)Welt wiedergibt, welche u. a. aus einer Diversität an Gender-Identitäten besteht, die alle wahrgenommen und benannt werden wollen und sollen.

Forschungsdetails

6.1 Forschungsfragen – 78

6.2 Erhebungsmethode (U1) – 78

6.3 Kodierhandbuch – 79

6.4 Analyseraster – 79

6.5 Sample (U1) – 79

6.6 Generierte Hypothesen – 79

6.7 Erhebungsmethode (U2) – 81

6.8 Sample (U2) – 83

6.9 Datenmatrix und Beschreibung – 83

6.10 Kategorienbeispiele (U2) – 83

© Springer Fachmedien Wiesbaden GmbH, ein Teil von Springer Nature 2019
J. M. Kero, *Websites geschlechtergerecht und antidiskriminierend formulieren*,
https://doi.org/10.1007/978-3-658-24852-9_6

> Wir Feministinnen erkannten die Universität als einen Ort, den wir erobern wollten, und dies forderte dazu heraus, den Kanon, die Themen, die Standards dessen, was Gesellschaftsgeschichte ausmachte, zurückzuweisen.
> Barbara Duden, Medizinhistorikerin, Geschlechterforscherin

Zusammenfassung

In diesem Kapitel finden Sie alle wissenschaftlichen Details der Studie, wie Forschungsfragen, Erhebungsmethoden, Sampling und weitere detaillierte Angaben zu der qualitativen und quantitativen Untersuchung.

6.1 Forschungsfragen

- Welche sprachlichen Formen wählen österreichische psychosoziale PBS_innen hinsichtlich der Personenbezeichnungen auf ihren Websites?
- Wird mittels geschlechtergerechter Sprachformen auf die Adressat_innen Bezug genommen?
- In welchen Kontexten werden welche sprachlichen Formen verwendet?
- Wird inhaltlich auf die Dimension Gender Bezug genommen?
- Lassen sich Altersunterschiede bezüglich der Verwendung geschlechtergerechter Formen feststellen?
- Lassen sich geschlechtsspezifische Unterschiede bezüglich der Verwendung geschlechtergerechter Formen feststellen?

6.2 Erhebungsmethode (U1)

Die qualitative Untersuchung folgt den Ansätzen einer linguistischen Diskursanalyse und orientiert sich im Besonderen an den Vorschlägen Susan Herrings (2004) für eine computer-mediated discourse analysis (CMDA). Entsprechend wird davon ausgegangen, dass Diskurse bzw. sprachliche Handlungen mehr oder weniger bewusst erzeugte Muster aufweisen. Manche sprachlichen Handlungen werden intentional gesetzt, andere sind weniger *absichtsvoll* produziert. Gesellschaftliche Ideologien und die persönliche Entscheidung der Verfasser_innen spielen hier eine zentrale Rolle, denn in ihnen spiegeln sich nicht nur die sprachliche Wahl, sondern auch kognitive Entscheidungsprozesse und soziale Faktoren wider. Es werden vorab relevante sprachliche Phänomene identifiziert, die auf den Einsatz geschlechtergerechten Sprachgebrauchs bzw. auf dessen Vernachlässigung hinweisen. Im konkreten Fall konzentriert sich die Diskussion der beobachteten sprachlichen Phänomene vordergründig auf die Frage, welche Motivationen die Wahl der Personenbezeichnung begründen könnten und auf welche Genderideologien und auf welches Genderbewusstsein rückgeschlossen werden kann.

Aus vier Leitfäden zum geschlechtergerechten Formulieren (Leitfäden des österreichischen Bundesministeriums für Unterricht, Kunst und Kultur, 2002; des Bundeskanzleramts Österreichs, 2012; der Donau-Universität Krems, 2011; des Arbeitskreises Gender Mainstreaming, 2006) wurden die gemeinsamen Variablen geschlechtergerechter Sprachformen vertikal als Kontexte, und die jeweiligen Bereiche der Websites horizontal als Kategorien in ein Analyseraster eingetragen. Ziel war, aus den strukturierten

Websites unter Zuhilfenahme des Analyserasters mittels einer deskriptiv-erklärenden Analyse Formen geschlechtergerechten Formulierens zu finden, Kontexte und Phänomene zu beschreiben, Einflussnahmen und Systematiken zu erkennen und im Anschluss daran zu ermitteln, welche Kontexte geschlechtergerechte Sprache verhindern bzw. fördern. Pro Berater_in wird ein eigenes Analyserasterblatt erstellt, dessen Kategorien und Kontexte im Folgenden erläutert werden.

Um eine Diskreditierung der Untersuchungspersonen zu vermeiden und die datenschutzrechtlichen Bestimmungen bzw. die Persönlichkeitsrechte der Personen hinter den untersuchten Websites zu wahren, wurde in einem dritten Schritt eine formale Anonymisierung durchgeführt, indem die direkten Identifizierungsmerkmale aus den Forschungsdaten entfernt wurden. Die anonymisierten Ergebnisse werden zum besseren Verständnis mit anonymen Beispielen erläutert.

6.3 Kodierhandbuch

(Siehe ◘ Abb. 6.1 und 6.2).

6.4 Analyseraster

(Siehe ◘ Abb. 6.3).

6.5 Sample (U1)

Eine umfassende Internet-Recherche nach Listen für Lebens- und Sozialberater_innen ergab mit der Website ▶ http://www.lebensberatung.at von bestNET. einen relevanten Treffer. Zum Zeitpunkt des Zugriffs waren insgesamt 2669 der 5228 in Österreich aktiven Lebensberater_innen (Stand 2016) gelistet. Diese repräsentieren die Grundgesamtheit der Untersuchung. Die Auswahlkriterien der in diesem Portal angeführten Markierfelder waren: Österreich, Frauen bzw. Männer, Homepage, Lebenslauf. Zur Vermeidung sozialer Erwünschtheit und um repräsentative Ergebnisse zu gewährleisten, wurden, getrennt nach den beiden Gendergruppen, allen Berater_innen-Websites Zufallszahlen zugeordnet und im Anschluss numerisch sortiert. Nachdem die als nicht analysefähig im Sinne der Forschung identifizierten Websites ausgeschieden wurden, reduzierte sich die Anzahl auf 17 Websites pro Gendergruppe. Diese wurden ausgedruckt, um sie offline bearbeiten zu können und die Reliabilität der vorgenommenen Diskursanalyse zu gewährleisten.

6.6 Generierte Hypothesen

− In der Berufsgruppe der psychosozialen Beratung haben sich geschlechtergerechte Sprachformen noch nicht konsistent durchgesetzt.
− In den Internetauftritten psychosozialer Berater_innen sind deutliche Spuren von Achtsamkeit hinsichtlich geschlechtergerechten Sprachgebrauchs feststellbar.

Durch die Untersuchung wurde eine bis dahin nicht intendierte Hypothese generiert, die sich mit der von Karin Wetschanow (1995) beschriebenen linguistischen These deckt und diese erhärtet:
— Beraterinnen movieren umso konsequenter, je mehr sich die Personenbezeichnungen auf die eigene Person beziehen, in der Berufsbezeichnung sogar ausnahmslos.

Die generierten Hypothesen werden in der quantitativen Untersuchung geprüft.

Kodierhandbuch zu Analyseraster

Kategorien (x-Achse) und Erläuterungen

- **Selbstbezeichnung in der Website-Adresse und der Email-Adresse**
  Aussagen der Berater_innen bezüglich ihrer Selbstbezeichnung in den Webadressen
- **Selbstbezeichnung im Bezug auf den akademischen Grad**
  Aussagen der Berater_innen bezüglich ihrer Selbstbezeichnung im akademische Grad
- **Berufsbezeichnung**
  Aussagen der Berater_innen bezüglich ihrer Selbstbezeichnung in den Berufsbezeichnungen
- **Ausbildungsbezeichnung**
  Aussagen der Berater_innen bezüglich ihrer Selbstbezeichnung in den Ausbildungsbezeichnungen
- **Anrede**
  Formen der Anrede der Berater_innen hinsichtlich der Adressat_innen
- **Personenbezeichnungen im Fließtext**
  Welche Sprachformen werden verwendet?
- **Personenbezeichnungen von Expert_innen**
  Werden diese geschlechtergerecht bezeichnet?
- **Menüpunkte in der Navigationsleiste**
  Werden die Menüpunkte geschlechtergerecht ausgewiesen?
- **Motti**
  Werden eher Männer oder Frauen zitiert, werden die Zitate geschlechtergerecht ausgewählt bzw. angepasst?
- **Redewendungen**
  Werden Redewendungen geschlechtergerecht adaptiert verwendet?
- **Besonderheiten**
  Sammlung sämtlicher Benennungen, die in keine genannte Kategorie eingeordnet werden können, z.B. kreative oder unklare Sprachformen und grammatikalische Fehler.
- **Genderbetreffende Inhalte**
  Werden genderbetreffende Inhalte angeboten?

Abb. 6.1 Kodierhandbuch 1

Kontext (y-Achse) und Erläuterungen

- Name, Geschlecht, Alter der jeweiligen Berater_in
- Anrede per Sie
- Anrede per Du
- Übereinstimmung von Geschlecht und Genus: *Psychotherapeutin Mag.a Doris...*
- Generisches Femininum Singular: *die Beraterin*
- Generisches Femininum Plural: *die Beraterinnen*
- Generisches Maskulinum Singular: *der Berater*
- Generisches Maskulinum Plural: *die Berater*
- Vollständige Paarform: *Beraterinnen und Berater*
- Sparschreibung mit Binnen-I Singular: *BeraterIn*
- Sparschreibung mit Binnen-I Plural: *BeraterInnen*
- Sparschreibung mit / -innerhalb des Wortes Singular: *Berater/in, Berater/-in*
- Sparschreibung mit / -innerhalb des Wortes Plural: *Berater/innen, Berater/-innen*
- (in) Singular: *Berater(in)*
- (innen) Plural: *Berater(innen)*
- Partizipialformen: Formen, die im Plural geschlechtsneutral sind: *Beratende*
- Komposita: zusammengesetzte Nomen: *Partnerschaft, Freundeskreis*
- Gender Gap: _ ,*, x-Form
- „man"
- Legaldefinition
- wir/uns - vereinnahmende Formen

◘ Abb. 6.2 Kodierhandbuch 2

6.7 Erhebungsmethode (U2)

Ergänzend zur hypothesengenerierenden Methode der qualitativen Untersuchung kommt im Sinne Herrings (2004) eine quantitative, sprachfokussierte Diskursanalyse mit der Intention zur Anwendung, die generierten Hypothesen zu prüfen und im Sinne der Forschungsfragen repräsentative Aussagen zu erhalten. Die umfassende Internet-Recherche nach Listen für Psychotherapeut_innen, Lebens- und Sozialberater_innen und Supervisor_innen ergab mit dem Portal von *bestNET* einen relevanten Treffer. Untersuchung 2 analysiert:

— mittels einer Gesamterhebung alle Berater_innen mit Websites auf der Internet-Plattform ► www.lebensberatung.at. Zum Zeitpunkt des Zugriffs am 2.4.2015 waren 2669 Berater_innen gelistet.

- mittels einer Gesamterhebung alle Supervisor_innen mit Websites auf der Internetplattform ▶ www.supervision.at. Zum Zeitpunkt des Zugriffs am 29.6.2016 waren 3368 Supervisor_innen gelistet.
- mittels einer Stichprobe die Psychotherapeut_innen mit Websites auf der Internet-Plattform ▶ www.psyonline.at. Zum Zeitpunkt des Zugriffs am 30.6.2016 waren 8014 Psychotherapeut_innen gelistet.

Längerfristig ist von Veränderungen bzw. Aktualisierungen der analysierten Website-Inhalte durch die Inhaber_innen auszugehen, die Möglichkeit einer Replizierbarkeit ist daher nur bedingt möglich.

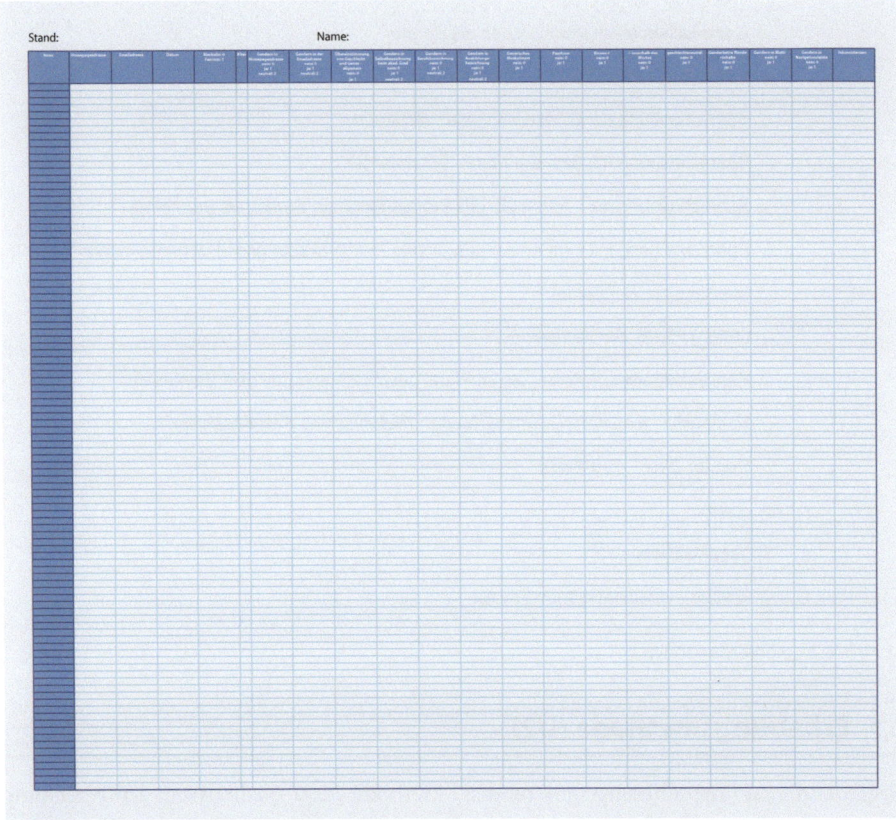

◘ Abb. 6.3 Analyseraster

6.8 Sample (U2)

Mittels der Auswahlkriterien der in diesem Portal angeführten Markierfelder *Österreich, Frauen bzw. Männer, Homepage, Lebenslauf* wurde die Untersuchungspopulation eingegrenzt. Die ermittelte Anzahl beträgt in der Berater_innengruppe 198 Personen, davon 138 Frauen und 60 Männer. In der Supervisor_innengruppe wurden 113 Personen ausgewiesen, davon 71 Frauen und 42 Männer. Bei den Psychotherapeut_innen wurden, ob der 771 ermittelten Personen, die analysefähigen Websites aliquot zu der Anzahl der Berater_innen per Zufallszahl ausgewählt. Hier wurde weiters darauf geachtet, dass sich, aufgrund der hohen Anzahl an analysefähigen Websites, keine der Psychotherapeut_innen unter den ermittelten Supervisor_innen- bzw. Berater_innen-Websites befanden.

Von allen ermittelten Websites wurden jeweils jene für die quantitative Erhebung benötigen Seiten als PDFs gespeichert. Ungeachtet der Anzahl an Webseiten wurden zwei Menüpunkte aus der Navigationsleiste herausgegriffen: die Selbstdarstellung der Anbieter_innen *(Über mich, Meine Person)* und deren jeweiliges PBSangebot *(Psychotherapie, Supervision, Lebensberatung, Coaching, Mein Angebot)*. Sofern gesonderte Links zu Ausbildungsbezeichnungen führten, wurden diese ebenfalls gespeichert.

Aus dem Kodierhandbuch der qualitativen sprachfokussierten Diskursanalyse wurden die für die quantitative Erhebung forschungsrelevanten Kategorien gefiltert und in eine Datenmatrix eingetragen. In dieser repräsentiert jede Zeile eine Untersuchungsperson und jede Spalte eine Kategorie. Die Kategorien wurden mit *Nein* $= 0$ für die Verwendung keiner geschlechtergerechten Sprachform, *Ja* $= 1$ für die Verwendung einer beliebigen geschlechtergerechten Sprachform, *Neutral* $= 2$ für die Verwendung neutraler Formen, *Inkonsisten* $= 3$ für die Verwendung geschlechtergerechter und nicht geschlechtergerechter Sprachformen innerhalb einer Webseite, kodiert. Jede Kategorie wurde nur einmal markiert, auch wenn sie in der Webseite mehrmals auftraten.

6.9 Datenmatrix und Beschreibung

(Siehe ◘ Abb. 6.4 und 6.5).

6.10 Kategorienbeispiele (U2)

(Siehe ◘ Abb. 6.6, 6.7 und 6.8).

Kapitel 6 · Forschungsdetails

Name: Geschlecht: Alter:	Selbstbezeichnung in der HP-Adresse Mailadresse	Selbstbezeichnung akad. Grad	Berufsbezeichnung	Ausbildungs- bezeichnung	Anrede	Bezeichnungen im Fließtext	Bezeichnungen von Expert_innen	Navigations- leiste	Motti	Redewendungen	Besonderheiten	Genderbetreffende Inhalte
Sie												
Du												
Übereinstimmung von Geschlecht und Genus												
Generisches Femininum Singular												
Generisches Femininum Plural												
Generisches Maskulinum Singular												
Generisches Maskulinum Plural												
Paarform/ Zwei- Genderung												
Binnen-I Singular												
Binnen-I Plural												
/- innerhalb des Wortes Singular												
/- innerhalb des Wortes Plural												
(in) Singular												
(in) Plural												
Partizipialformen												
Komposita												
„_", x-Form												
„man"												
Legaldefinition												
wir/uns- vereinnahmende Formen												

Abb. 6.4 Datenmatrix

6.10 · Kategorienbeispiele (U2)

Beschreibung zur Datenmatrix:

Kategorien (x-Achse) und Erläuterungen

- Name
- Website-Adresse
- Email-Adresse
- Datum der Listenerstellung
- Maskulin = 0 /Feminin = 1
- Alter
- Gendern in Website-Adresse: nein/ja/neutral
- Gendern in Email-Adresse: nein/ja/neutral
- Übereinstimmung von Geschlecht und Genus: nein/ja/inkonsistent
- Gendern in der Selbstbezeichnung akademischer Grad: nein/ja/neutral/inkonsistent
- Gendern in der Berufsbezeichnung: nein/ja/neutral/inkonsistent
- Gendern in der Ausbildungsbezeichnung: nein/ja/neutral/inkonsistent
- Generisches Maskulinum: nein/ja
- Paarform: nein/ja
- Binnen-I: nein/ja
- /- innerhalb des Wortes: nein/ja
- Partizipialform: nein/ja
- Genderbetreffende Inhalte: nein/ja
- Gendern in Motti: nein/ja/neutral
- Gendern in Navigationsleiste: nein/ja/neutral/inkonsistent
- Inkonsistenzen

Kontext (y-Achse): 198 Website - Inhaber_innen

Kodierung: Nein = 0, Ja = 1, Neutral = 2, Inkonsistent = 3

Abb. 6.5 Beschreibung zur Datenmatrix

Kategorien-Beispiele zur quantitativen Untersuchung

Aus Gründen des Datenschutzes sind die Beispiele anonymisiert:

ad. 3.2.3.2 Selbstreferenzkategorien

- Webadresse

nein: www.m.mustermann.at

ja: www.max.mustermann.at

neutral: www.lebensberatung.at

- Emailadresse

nein: m.mustermann@gmx.at

ja: max.mustermann@gmx.at

neutral: office@lebensberatung.at

- Akademischer Grad

nein: wenn Frauen Mag. anführen.

ja: wenn Frauen: Mag.^{a}, Männer: Mag. anführen.

neutral: MSc

inkonsistent: meint, dass auf derselben Webseite einmal die geschlechtergerechte Form Mag.^{a}, und für dieselbe Person die nicht geschlechtergerechte Form Mag. verwendet wurde.

- Berufsbezeichnung

ja: wenn Frauen: Lebensberaterin, Männer: Lebensberater anführen.

neutral: Lebensberatung

inkonsistent: wenn zwischen verschiedenen Sprachformen - geschlechtergerecht, nicht geschlechtergerecht bzw. neutral - gewechselt wurde: Lebensberater, Lebensberatung, Lebensberaterin.

1

Abb. 6.6 Kategorien-Beispiele 1 zur quantitativen Untersuchung

6.10 · Kategorienbeispiele (U2)

☺ Ausbildungsbezeichnung

nein: wenn Frauen Lebensberater-Ausbildung anführen.

ja: LebensberaterInnen-Ausbildung

neutral: Lebensberatungs-Ausbildung

inkonsistent: wenn zwischen verschiedenen Sprachformen - geschlechtergerecht, nicht geschlechtergerecht bzw. neutral - innerhalb einer Webseite gewechselt wurde: Lebensberatungs-Ausbildung, Lebensberater-Ausbildung, LebensberaterInnen-Ausbildung.

ad. 3.2.3.3. Übereinstimmung von Genus und Sexus

nein: …die PsychotherapeutEN Maria Musterfrau und Max Mustermann.

ja: Mag.ª Maria Musterfrau, Yogalehrerin Maria Musterfrau.

inkonsistent: wenn zwischen verschiedenen Sprachformen - geschlechtergerecht, nicht geschlechtergerecht bzw. neutral - innerhalb einer Webseite gewechselt wurde: Mag.ª Maria Musterfrau, Mag. Maria Musterfrau.

ad. 3.2.3.4. Personenbezeichnungsformen

☺ Generisches Maskulinum

nein: wenn eine geschlechtergerechte Form zur Anwendung kommt: KlientInnen, Partner und Partnerin, Partner/-innen, …

ja: Klienten, Anonyme Insolvenzler, Partner

☺ Paarform

nein: wenn diese Sprachform keine Anwendung gefunden hat.

ja: Klientinnen und Klienten

☺ Binnen-I

nein: wenn diese Sprachform keine Anwendung gefunden hat.

ja: KlientInnen

☺ Schrägstrichvariante

nein: wenn diese Sprachform keine Anwendung gefunden hat.

ja: Klient/-innen

2

◘ **Abb. 6.7** Kategorien-Beispiele 2 zur quantitativen Untersuchung

◎ Partizipialform

nein: wenn diese Sprachform keine Anwendung gefunden hat.

ja: Teilnehmende, Auszubildende

ad. 3.2.3.5 Genderbetreffende Inhalte

nein: wenn keine genderbetreffende Inhalte angeboten wurden.

ja: wenn genderbetreffende Inhalte wie Mütter- bzw. Vätergruppen, Männer- bzw. Frauengruppen angeboten wurden.

ad. 3.2.3.6. Gendern in Motti

nein: Das Geheimnis des Erfolges ist, den Standpunkt DES AndereN zu verstehen (Henry Ford).

ja: Das Geheimnis des Erfolges ist, die Standpunkte der Anderen zu verstehen.

neutral: Nur aufs Ziel zu sehen, verdirbt die Lust am Reisen (Friedrich Rückert).

ad. 3.2.3.7. Gendern in der Navigationsleiste

nein: Menüpunkt Partner und Links

ja: Menüpunkt PartnerInnen

neutral: Schuldenberatung

inkonsistent: wenn zwischen verschiedenen Sprachformen - empfohlen geschlechter-gerecht, nicht geschlechtergerecht - gewechselt wurde: RauchERentwöhnung, Feedback von KlientInnen.

ad. 3.2.3.8. Inkonstistenzen

hier finden sich Personenbezeichnungen, in denen zwischen verschiedenen Sprachformen - geschlechtergerecht, nicht geschlechtergerecht bzw. neutral - innerhalb einer Webseite gewechselt wurde - siehe dazu die Erläuterungen zu den Kategorien:

ad. 3.2.3.3. Übereinstimmung von Genus und Sexus

ad. 3.2.3.2 Selbstreferenzkategorien / akademischer Grad

ad. 3.2.3.2 Selbstreferenzkategorien / Berufsbezeichnung

ad. 3.2.3.2 Selbstreferenzkategorien / Ausbildungsbezeichnung

ad. 3.2.3.7. Gendern in der Navigationsleiste

3

◘ **Abb. 6.8**   Kategorien-Beispiele 3 zur quantitativen Untersuchung

Serviceteil

Glossar – 90

Literatur – 91

© Springer Fachmedien Wiesbaden GmbH, ein Teil von Springer Nature 2019
J. M. Kero, *Websites geschlechtergerecht und antidiskriminierend formulieren*,
https://doi.org/10.1007/978-3-658-24852-9

Glossar

Androzentrismus bezeichnet den Mann als menschliche Norm, also den prototypischen Menschen, Mann = Mensch.

Genderismus ist eine Analogiebildung zu Sexismus und meint die Reduktion des Feminismus auf Frauen.

Generisches Maskulinum wird für Personen beiderlei Geschlechts, von gemischten Gruppen und von Personen unbekannten und unspezifischen Geschlechts als geeignet empfunden und verwendet.

Intersektionalität bezeichnet Überscheidungen verschiedener Diskriminierungsformen.

Movierung bzw. Motion beschreibt sprachwissenschaftlich die Überführung einer Personenbezeichnung von einer Genusklasse in die andere. Maskulinmovierung: feminin zu maskulin (z. B.: die Hexe, der Hexer), Femininmovierung: maskulin zu feminin mittels des Suffix -in, z. B.: Berater - Beraterin.

Queer sind Menschen, die sich nicht eindeutig den Kategorien Frau und Mann zuordnen lassen oder lassen wollen.

Literatur

Abdul-Hussain, Surur. (2014). *Geschlecht und Gender.* Zugriff am 14.3.2015. Verfügbar unter ▶ http://erwachsenenbildung.at

AG Feministisch Sprachhandeln der Humboldt-Universität zu Berlin. (2014). *Glossar | Was tun? Sprachhandeln – aber wie? W_Ortungen statt Tatenlosigkeit.* Zugriff am 1.5.2015. Verfügbar unter ▶ http://feministisch-sprachhandeln.org/glossar/

Alder, Judith & Bitzer, Johannes. (2013). Psychische Störungen in der Perimenopause. In Brigitte Beathe & Anita Riecher-Rössler (Hrsg.[innen]), *Frauen in Psychotherapie. Grundlagen - Störungsbilder – Behandlungskonzepte* (S. 253–264). Stuttgart: Schattauer Verlag.

Alpen-Adria Universität. (2014). *Geschlechtergerechter Sprachgebrauch. Ein Leitfaden von Studierenden.* Zugriff am 14.3.2015. Verfügbar unter ▶ http://www.uni-klu.ac.at/gender/downloads/A3Folder_Geschlechtergerechter_Sprachgebrauch.pdf

Belz, Martina, Riecher-Rössler, Anita. (2013). Welcher Psychotherapiebedarf für wen? Geschlechtsspezifische Aspekte. In Brigitte Beathe & Anita Riecher-Rössler (Hrsg.[innen]), *Frauen in Psychotherapie. Grundlagen - Störungsbilder - Behandlungskonzepte* (S. 419–432). Stuttgart: Schattauer Verlag.

bm:uk Bundesministerium für Unterricht, Kunst und Kultur. (2002). *Geschlechtergerechtes Formulieren.* Zugriff am 14.3.2015. Verfügbar unter ▶ http://www.bmbf.gv.at/ministerium/rs/formulieren_folder2012_7108.pdf?4e4zxz

Bolhaar, Ralf. (2010). Explizite und implizite Verständnisse von Supervision – Eine Analyse anhand deutschsprachiger Online-Auftritte. *FPI – Publikationen*, 12/2010. Zugriff am 23.11.2015. Verfügbar unter ▶ http://www.fpi-publikation.de/supervision/alle-ausgaben/12-2010-bolhaar-ralf-explizite-verstaendnisse-von-supervision-deutschsprachiger-online-auftritte.html

Braun, Friederike, Gottburgsen, Anja, Sczesny, Sabine, & Stahlberg, Dagmar. (1998). Können Geophysiker Frauen sein? Generische Personenbezeichnungen im Deutschen. *Zeitschrift Für Germanistische Linguistik, 26*(3), 265–283.

Braun, Friederike, Oelkers, Susanne, Rogalski, Karin, Bosak, Janine, & Sczesny, Sabine. (2007). "Aus Gründen der Verständlichkeit...". Der Einfluss generisch maskuliner und alternativer Personenbezeichnungen auf die kognitive Verarbeitung von Texten. *Psychologische Rundschau, 58*(3), 183–189.

Breiter, Marion. (2014). Feministische Beratung und strategisch-vernetztes Handeln. In Ebermann, Traude, Fritz, Julia, Macke, Karin & Zehetner, Bettina (Hrsg.[innen]), *In Anerkennung der Differenz: Feministische Beratung und Psychotherapie* (S. 119–129). Gießen: Psychosozial-Verlag.

Bublitz, Hannelore. (2010). *Judith Butler zur Einführung.* Hamburg: Junius Hamburg.

Bühlmann, Regula. (2002). Ehefrau Vreni haucht ihm ins Ohr...Untersuchung zur geschlechtergerechten Sprache und zur Darstellung von Frauen in Deutschschweizer Tageszeitungen. *Linguistik Online, 11*(2). Zugriff am 31.3.2015. Verfügbar unter ▶ http://www.linguistik-online.com/11_02/buehlmann.html

Bundeskanzleramt Österreich. (2012). *Leitfaden. Geschlechtergerechter Sprachgebrauch. Empfehlungen und Tipps.* Zugriff am 14.3.2015. Verfügbar unter ▶ http://www.bmgf.gv.at/cms/home/attachments/7/0/5/CH1002/CMS1415709133783/supervisionsrichtlinie.pdf

Bundesministerium für Familie, Senioren, Frauen und Jugend. (o.J.). Strategie „Gender Mainstreaming". Zugriff am 14.3.2015. Verfügbar unter ▶ http://www.bmfsfj.de/BMFSFJ/gleichstellung,did=192702.html

Bundes-Verfassungsgesetz Art. 7, Pub. L. No. Art. 7. (2013). Zugriff am 11.1.2015. Verfügbar unter ▶ https://www.ris.bka.gv.at/Dokument.wxe?Abfrage=Bundesnormen&Dokumentnummer=NOR40152496

Donau-Universität Krems. (2011). *Leitfaden für geschlechtergerechtes Formulieren.* Zugriff am 14.3.2015. Verfügbar unter ▶ http://www.donau-uni.ac.at/imperia/md/content/frauennetzwerk/leitfaden_fr_geschlechtergerechtes_formulieren.pdf

Dzeyk, Waldemar. (2005). *Vertrauen in Internetangebote. Eine empirische Untersuchung zum Einfluss von Glaubwürdigkeitsindikatoren bei der Nutzung von Online-Therapie- und Online-Beratungsangeboten.* Dr. phil., Universität zu Köln, Köln.

Ebermann, Traude. (2014). Feminismus und KIP oder: Was wir von den Amazonen lernen können. In Ebermann, Traude, Fritz, Julia, Macke, Karin & Zehetner, Bettina(Hrsg.[innen]), *In Anerkennung der Differenz: Feministische Beratung und Psychotherapie* (S. 147–160). Gießen: Psychosozial-Verlag.

Ebermann, Traude, Fritz, Julia, Macke, Karin & Zehetner, Bettina. (2014). *In Anerkennung der Differenz: Feministische Beratung und Psychotherapie.* Gießen: Psychosozial-Verlag.

Eckes, Thomas. (2008). Geschlechterstereotype: Von Rollen, Identitäten und Vorurteilen. In Ruth Becker & Beate Kortendiek (Hrsg.innen), *Handbuch Frauen- und Geschlechterforschung: Theorie, Methoden, Empirie* (S. 171–182). Wiesbaden: Springer Verlag.

Elmiger, Daniel. (2009). Sprachliche Gleichbehandlung von Frau und Mann: Eine korpusgestützte Untersuchung über den Sprachwandel in der Schweiz*. *Linguistik Online, 39*(3). Zugriff am 31.3.2015. Verfügbar unter ▶ http://www.linguistik-online.com/39_09/elmiger.pdf

ENIK NARIC AUSTRIA (2013). *Führung akademischer Grade*. Zugriff am 16.1.2016. Verfügbar unter ▶ http://wissenschaft.bmwfw.gv.at/fileadmin/user_upload/wissenschaft/naric/akademische_grade_2012.pdf

Friesenbichler, Bianca. (2008). Geschlechtergerechter Sprachgebrauch als Teil und Motor des Gender Mainstreaming. *MAGAZIN erwachsenenbildung.at. Das Fachmedium für Forschung, Praxis und Diskurs*, (3), Zugriff am 14.3.2015. Verfügbar unter ▶ http://erwachsenenbildung.at/magazin/archiv_artikel.php?mid=410&aid=343

Gaab, Jens. (2013). Stress und Stressreduktion. In Brigitte Beathe & Anita Riecher-Rössler (Hrsg.innen), *Frauen in Psychotherapie. Grundlagen - Störungsbilder - Behandlungskonzepte* (S. 315–321). Stuttgart: Schattauer Verlag.

Gahleitner, Silke B., & Ossola, Elena. (2007). Genderaspekte in der Integrativen Therapie: Auf dem Weg zu einer geschlechtssensiblen Therapie und Beratung. In Ilse Orth, Johanna Sieper & Waldemar Schuch (Hrsg.innen), *Neue Wege Integrativer Therapie: Klinische Wissenschaft, Humantherapie, Kulturarbeit - Polyloge – 25 Jahre EAG/Festschrift Hilarion G. Petzold* (S. 406–447). Bielefeld: Aisthesis.

GenderKompetenzZentrum Humboldt Universität Berlin. (2012). *Genderkompetenzen*. Zugriff am 11.11.2015. Verfügbar unter ▶ http://www.genderkompetenz.info/genderkompetenz-2003-2010/gender/genderkompetenz.html

Gender Mainstreaming Arbeitskreis. (2006). *Leitfaden. Geschlechtergerechter Sprachgebrauch*. Zugriff am 14.3.2015. Verfügbar unter ▶ http://frauensprache.com/sprachleitfaden.pdf

Gewerbeordnung der Lebens- und Sozialberatung. (2002). Zugriff am 15.1.2016, Verfügbar unter ▶ http://www.bildungsmanagement.ac.at/download/lsb-gesetzliche_grundlagen.pdf

Gissrau, Barbara (1990). »Der Analytiker und sein Patient«. Ein Plädoyer für die sprachliche Sensibilisierung gegenüber der Geschlechterdifferenz innerhalb der Psychoanalyse. *Psyche, 44*(4), (S. 356–365).

Gleichbehandlungsanwaltschaft Österreich (2015). *Empfehlung der Gleichbehandlungsanwaltschaft*. Zugriff am 16.9.2015. Verfügbar unter ▶ http://www.gleichbehandlungsanwaltschaft.at/DocView.axd?CobId=34417

Greve, Melanie, Iding, Marion, & Schmusch, Bärbel. (2002). Geschlechtsspezifische Formulierungen in Stellenangeboten. *Linguistik Online, 11*(2). Zugriff am 21.3.2015. Verfügbar unter ▶ http://www.linguistik-online.com/11_02/greschmid.html

Großmaß, Ruth. (2004). Psychotherapie und Beratung. In Frank Nestmann, Frank Engel & Ursel Sickendiek (Hrsg.innen). *Das Handbuch der Beratung 1: Disziplinen und Zugänge* (S. 89–101). Tübingen: dgvt-Verlag.

Großmaß, Ruth. (2014). Frauenberatung im Spiegel von Beratungstheorie und Gender-Diskursen. In Ebermann, Traude, Fritz, Julia, Macke, Karin & Zehetner, Bettina (Hrsg.innen), *In Anerkennung der Differenz: Feministische Beratung und Psychotherapie* (S. 61–73). Gießen: Psychosozial-Verlag.

Grubner, Angelika. (2014). *Geschlecht therapieren: Andere Erzählungen im Kontext narrativer systemischer Therapie*. Heidelberg: Carl Auer Verlag.

Hellinger, Marlies, & Bierbach, Christine. (1993). *Eine Sprache für beide Geschlechter. Richtlinien für einen nicht-sexistischen Sprachgebrauch*. Zugriff am 10.5.2015. Verfügbar unter ▶ https://www.unesco.de/fileadmin/medien/Dokumente/Bibliothek/eine_sprache.pdf

Herring, Susan C. (2004). Computer-Mediated Discourse Analysis: An Approach to Researching Online Behavior. In Barab, Sasha A., Kling, Rob, & Gray, James H. (Hrsg.innen), *Virtual Communities in the Service of Learning* (S. 338–376). New York: Cambridge University Press.

Höfner, Claudia. (2007). Gender Vertigo. Eine Verführung. *Integrative Therapie. Zeitschrift für vergleichende Psychotherapie und Methodenintegration, 33*(3), 279–298.

Hornscheidt, Lann. (2012). *feministische w_orte: ein lern-, denk- und handlungsbuch zu sprache und diskriminierung, gender studies und feministischer linguistik*. Frankfurt a. M: Brandes & Apsel.

Hornscheidt, Lann. (2013). Sprache/Semiotik. In von Braun, Christina & Stephan, Inge (Hrsg.innen), *Gender@Wissen. Ein Handbuch der Gender-Theorien*. (S. 343–364). Böhlau UTB Verlag.

Karlinger, Sabine. (2011). *Gender matters?! Genderkompetenz in der Supervision: Zur Bedeutung der Genderkompetenz von Supervisorinnen und Supervisoren im psychosozialen Feld*. Saarbrücken: VDM Verlag Dr. Müller.

Kero, Judith M. & Schigl, Brigitte. (2017). Geschlechtergerechte Sprache in kommerziellen Internetauftritten von Berater_innen. *Beratung Aktuell. Zeitschrift für Theorie und Praxis der Beratung, 1/2017*. (S. 28–51) Junfermann Verlag

Literatur

Kienpointner, Manfred. (2000). Feministische Linguistik. Trends, Resultate, praktische Anwendungen. In Sieglinde Klettenhammer & Elfriede Pöder (Hrsg.[innen]), *Das Geschlecht, das sich (un)eins ist?: Frauenforschung und Geschlechtergeschichte in den Kulturwissenschaften.* (S. 228–245). Wien: Studien Verlag.

Kirschenhofer, Sabine. (2014). Systemisch-feministische Paartherapie. Annäherung an das Unmögliche? In Ebermann, Traude, Fritz, Julia, Macke, Karin & Zehetner, Bettina (Hrsg.[innen]), *In Anerkennung der Differenz: Feministische Beratung und Psychotherapie* (S. 175–186). Gießen: Psychosozial-Verlag.

Klosa, Annette, Auberle, Anette & Dudenredaktion/Bibliographisches Institut (Hrsg.[innen]). (2001). *Duden Richtiges und gutes Deutsch: Wörterbuch der sprachlichen.* (5. Auflage). Mannheim: Dudenverlag.

Krebs-Roubicek, Eva-Maria. (2013). Psychische Störungen im Alter. In Brigitte Beathe & Anita Riecher-Rössler (Hrsg.[innen]), *Frauen in Psychotherapie. Grundlagen - Störungsbilder - Behandlungskonzepte (S. 265–276).* Stuttgart: Schattauer Verlag.

Lampe, Astrid & Reddemann, Luise. (2013). Posttraumatische Belastungsstörungen (PTBS). In Brigitte Beathe & Anita Riecher-Rössler (Hrsg.[innen]), *Frauen in Psychotherapie. Grundlagen - Störungsbilder - Behandlungskonzepte (S. 323–335).* Stuttgart: Schattauer Verlag.

Laqueur, Thomas. (1992). *Auf den Leib geschrieben. Die Inszenierung der Geschlechter von der Antike bis Freud.* Frankfurt/M., New York: Campus Verlag.

Lenz, Ilse. (2008). Frauenbewegungen: Zu den Anliegen und Verlaufsversformen von Frauenbewegungen als sozialen Bewegungen. In Ruth Becker & Beate Kortendiek (Hrsg.[innen]), *Handbuch Frauen- und Geschlechterforschung: Theorie, Methoden, Empirie* (S. 859–869). Wiesbaden: Springer Verlag.

Mairhofer, Elisabeth. (2013). Worte können sein wie winzige Arsendosen. In Erna Appelt, Sabine Gatt, Marion Jarosch & Nina Kogler (Hrsg.[innen]), *Interdisziplinäre Perspektiven der Geschlechterforschung* (S. 31–48). Innsbruck: innsbruck university press

Maturana, Humberto R., & Varela, Francisco J. (1987). *Der Baum der Erkenntnis: Die biologischen Wurzeln menschlichen Erkennens.* Frankfurt, M.: FISCHER Taschenbuch.

Möller, Heidi. (2014). Die Bedeutung der Beratung für die Geschlechtergerechtigkeit in Organisationen. In Heidi Möller & Ronja Müller-Kalkstein (Hrsg.[innen]), *Gender und Beratung: Auf dem Weg zu mehr Geschlechtergerechtigkeit in Organisationen* (S. 12–32). Göttingen: Vandenhoeck & Ruprecht.

Nagl-Pietris, Soi. (2008). *Sprache und Geschlecht. Geschlechtergerechte Sprache. Theoretische Entwicklung und praxisrelevante Umsetzung.* Diplomarbeit. Rosa-Mayreder-College, Wien.

Nausner, Liselotte. (2007). Wir kommen von weit her. Autonome Frauenbewegung und Psychotherapie. *Integrative Therapie. Zeitschrift für vergleichende Psychotherapie und Methodenintegration, 33*(3), 259–278.

Nestmann, Frank. (2004). Beratung zwischen alltäglicher Hilfe und Profession. In Frank Nestmann, Frank Engel & Ursel Sickendiek (Hrsg.[innen]). *Das Handbuch der Beratung 2: Ansätze Methoden und Felder* (S. 547–557). Tübingen: dgvt-Verlag.

Nestmann, Frank, Engel, Frank, & Sickendiek, Ursel. (Hrsg.[innen]). (2004). *Das Handbuch der Beratung 1: Disziplinen und Zugänge.* Tübingen: dgvt-Verlag.

Neusüß, Claudia, & Chojecka, Julia. (2008). *Kein Fortschritt ohne Bewegung – soviel gender wie heute war noch nie.* Zugriff am 25.10.2015. Verfügbar unter ▶ http://www.eurotopics.net/de/home/presseschau/archiv/magazin/gesellschaft-verteilerseite/frauen-2008-3/artikel_neusuess_chojecka_gender/

Nothbaum, Norbert, & Steins, Gisela. (2010). Nicht sexistischer Sprachgebrauch: die stochastische Genuswahl. In Gisela Steins (Hrsg.[in]). *Handbuch Psychologie und Geschlechterforschung* (S. 409–415). Wiesbaden: VS Verlag für Sozialwissenschaften.

Österreichischer Frauenring. (2014). *Zurück zum Alltag - für eine geschlechtergerechte Sprache.* Zugriff am 4.10.2015. Verfügbar unter ▶ http://www.frauenring.at/sites/default/files/files/Oesterreichischer-Frauenring-Fuer-eine-geschlechtergerechte-Sprache.pdf

Petzold, Hilarion. G., & Orth, Ilse. (1985). *Poesie und Therapie. Über die Heilkraft der Sprache.* Jungferman-Verlag: Paderborn

Petzold, Hilarion G. (2003). *Interdisziplinär beraten – sich ergänzen: Überlegungen zu „Beratung" als Disziplin und Praxeologie in der modernen Wissensgesellschaft.* Zugriff am 15.3.2015. Verfügbar unter ▶ http://www.donau-uni.ac.at/imperia/md/content/studium/umwelt_medizin/psymed/artikel/beratung1.pdf

Petzold, Hilarion G. (2007). Definitionen und Kondensate von Kernkonzepten der Integrativen Therapie - Materialien zu „Klinischer Wissenschaft" und „Sprachtheorie". *Polyloge - eine Internetzeitschrift für „Integrative Therapie"* 1. Zugriff am 12.1.2016, Verfügbar unter ▶ http://www.fpi-publikation.de/polyloge/alle-ausgaben/01-2011-petzold-h-g-upd-2011e-integrative-therapie-kompakt-2011-definitionen-und-kondensate.html

Rothmund, Jutta & Scheele, Brigitte. (2004). Personenbezeichnungsmodelle auf dem Prüfstand. Lösungsmöglichkeiten für das Genus-Sexus-Problem auf Textebene. *Zeitschrift für Psychologie*, 212(1), (S. 40–54).

Prommer, Elisabeth & Linke, Christine. (2017). Audiovisuelle Diversität? Geschlechterdarstellungen in Film und Fernsehen in Deutschland. Zugriff am 20.8.2017. Verfügbar unter ▶ https://www.uni-rostock.de/fileadmin/uni-rostock/UniHome/Presse/Pressemeldungen/Broschuere_din_a4_audiovisuelle_Diversitaet_v06072017_V3.pdf.

Pusch, Luise. F. (1999). *Die Frau ist nicht der Rede wert: Aufsätze, Reden und Glossen*. Frankfurt am Main: Suhrkamp Verlag.

Pusch, Luise. F. (2013). *Das Deutsche als Männersprache: Aufsätze und Glossen zur feministischen Linguistik.* Frankfurt am Main: Suhrkamp Verlag.

Reichel, Rene. (2016): Professionalität in der psychosozialen Beratung. In: Reichel, Rene (Hrsg.): *Beratung, Psychotherapie, Supervision. Einführung in die psychosoziale Beratungslandschaft*. 2. Aufl. Wien: facultas. S. 56–73.

Reiss, Kristina. (2008). Linguistik: Von Feministischer Linguistik zu Genderbewusster Sprache. In Ruth Becker & Beate Kortendiek (Hrsg.[innen]), *Handbuch Frauen- und Geschlechterforschung: Theorie, Methoden, Empirie* (S. 742–747). Wiesbaden: Springer Verlag.

Schader, Heike. (2011). Normativität in Therapie und Beratung. Umgang mit Geschlechterrollen und Sexualität. *Systeme, 25* (2), 93–111.

Schambach-Hardtke, Lydia. (2003). Geschlechter-Vielfalt statt binärer Geschlechter-Normen. Eine Auseinandersetzung mit Judith Butler. In Leah C. Czollek & Heike Weinbach (Hrsg.[innen]), *Was sie schon immer über Gender wissen wollten… und über Sex nicht gefragt haben* (S. 52–72). Berlin: Alice-Salomon-Fachhochschule.

Schärer, Franziska. (2008). *Père, mère, roi et sorcière. La représentation des deux sexes et de la catégorie du genre dans les manuels scolaires de l'école primaire de la Suisse alémanique et de la Suisse romande*. Frankfurt: Peter Lang Edition.

Scheffler, Sabine. (2013). Frauenspezifische Behandlungsangebote – Psychotherapie, Beratung und Selbsthilfe. In Brigitte Beathe & Anita Riecher–Rössler (Hrsg.[innen]), *Frauen in Psychotherapie. Grundlagen - Störungsbilder - Behandlungskonzepte* (S. 381–394). Stuttgart: Schattauer Verlag.

Scheffler, Sabine. (2014). …und sie bewegt sich doch! Entwicklung und Zukunft frauenspezifischer Psychotherapie und Beratung. In Ebermann, Traude, Fritz, Julia, Macke, Karin & Zehetner, Bettina (Hrsg.[innen]), *In Anerkennung der Differenz: Feministische Beratung und Psychotherapie* (S. 45–57). Gießen: Psychosozial-Verlag.

Scheffler, Sabine, & Büchele, Agnes. (2014). Gendertroubles in der Beratung. In Heidi Möller & Ronja Müller-Kalkstein (Hrsg.[innen]), *Gender und Beratung: Auf dem Weg zu mehr Geschlechtergerechtigkeit in Organisationen* (S. 130–136). Göttingen: Vandenhoeck & Ruprecht.

Schigl, Brigitte. (2010). Feministische + Gendertheorie - Diskurse und ihre Bedeutung für das psychosoziale Feld. *Journal für Psychologie. Jg. 18*(3). Zugriff am 1.5.2015. Verfügbar unter ▶ http://www.journal-fuer-psychologie.de/index.php/jfp/article/view/32/180

Schigl, Brigitte. (2012). *Doing Gender. Konzepte. Forschung. Praxis. Welche Rolle spielt die Geschlechtszugehörigkeit im therapeutischen Prozess?* Wiesbaden: Springer Verlag.

Schigl, Brigitte. (2014). Welche Rolle spielt die Geschlechtszugehörigkeit in Supervision und Coaching? In Heidi Möller & Ronja Müller-Kalkstein (Hrsg.[innen]), *Gender und Beratung: Auf dem Weg zu mehr Geschlechtergerechtigkeit in Organisationen* (S. 89–105). Göttingen: Vandenhoeck & Ruprecht.

Schigl, Brigitte. (2016). Doing Gender in der Psychotherapie: We all are Part of the Game! In Beate Wimmer-Puchinger, Karin Gutierrez-Lobos & Anita Riecher-Rössler (Hrsg.[innen]), *Irrsinnig Weiblich – Psychische Krisen im Frauenleben. Hilfestellungen für die Praxis* (S. 227–240). Berlin Heidelberg: Springer Verlag.

Schröter, Juliane, Linke, Angelika, & Bubenhofer, Noah. (2012). „Ich als Linguist" – Eine empirische Studie zur Einschätzung und Verwendung des generischen Maskulinums. In Susanne Günthner, Dagmar Hüpper, & Constanze Spieß (Hrsg.[innen]), *Genderlinguistik. Sprachliche Konstruktionen von Geschlechtsidentität* (S. 765–779). Berlin: DE GRUYTER.

Schweer, Martin K. W., & Lachner, Robert P. (2014). Vertrauen als Basisvariable genderbewusster Beratung. In Heidi Möller & Ronja Müller-Kalkstein (Hrsg.[innen]), *Gender und Beratung: Auf dem Weg zu mehr Geschlechtergerechtigkeit in Organisationen* (S. 33–51). Göttingen: Vandenhoeck & Ruprecht.

Sickendiek, Ursel. (2004). Feministische Beratung. In Frank Nestmann, Frank Engel & Ursel Sickendiek (Hrsg.[innen]). *Das Handbuch der Beratung 2: Ansätze Methoden und Felder* (S. 765–778). Tübingen: dgvt-Verlag.

Stahlberg, Dagmar, & Sczesny, Sabine. (2001). Effekte des generischen Maskulinums und alternativer Sprachformen auf den gedanklichen Einbezug von Frauen. *Psychologische Rundschau, 52*(3), 131–140.

Literatur

Stokowski, Margarete. (2016). *Untenrum frei*. Rowohlt Verlag.

Stuckard Bettina. (2000). *Das Bild der Frau in Frauen- und Männerzeitschriften. Eine sprachwissenschaftliche Untersuchung über Geschlechtsstereotype*. Frankfurt: Peter Lang Edition.

Tatschmurat, Carmen. (2004). Gender Troubles in der Beratung. In Frank Nestmann, Frank Engel & Ursel Sickendiek (Hrsg.[innen]), *Das Handbuch der Beratung 1: Disziplinen und Zugänge* (S. 231–242). Tübingen: dgvt-Verlag.

Trömel-Plötz, Senta. (2008). Sprache: Von Frauensprache zu frauengerechter Sprache. In Ruth Becker & Beate Kortendiek (Hrsg.[innen]), *Handbuch Frauen- und Geschlechterforschung: Theorie, Methoden, Empirie* (S. 748–751). Springer-Verlag.

Tuider, Elisabeth. (2014). Ansätze der Geschlechterforschung in Beratung und Coaching. In Heidi Möller & Ronja Müller-Kalkstein (Hrsg.[innen]), *Gender und Beratung: Auf dem Weg zu mehr Geschlechtergerechtigkeit in Organisationen* (S. 137–154). Göttingen: Vandenhoeck & Ruprecht.

Villa, Paula.-Irene. (2008). Poststrukturalismus: Postmoderne + Poststrukturalismus = Postfeminismus? In Ruth Becker & Beate Kortendiek (Hrsg.[innen]), *Handbuch Frauen- und Geschlechterforschung: Theorie, Methoden, Empirie* (S. 269–273). Wiesbaden: Springer-Verlag.

Vogt, Irmgard. (2004). Zur Bedeutung der Dimension Geschlecht. In Frank Nestmann, Frank Engel & Ursel Sickendiek (Hrsg.[innen]). *Das Handbuch der Beratung 1: Disziplinen und Zugänge* (S. 209–218). Tübingen: dgvt-Verlag.

Wehling, Elisabeth. (2016). *Politisches Framing: Wie eine Nation sich ihr Denken einredet - und daraus Politik macht*. Köln:edition medienpraxis.

Wetschanow, Karin. (1995). *„Als wenns a Grammatikfehler wär": Splittingverhalten einer Gruppe links-alternativ feministischer Unisozialisation*. (Diplomarbeit). UNI Wien.

Wetschanow, Karin, & Doleschal, Ursula. (2012). Feministische Sprachenpolitik. In Rudolf de Cilla & Eva Vetter (Hrsg.[innen]). *Sprachenpolitik in Österreich. Bestandsaufnahme 2011* (S. 306–340). Frankfurt: Peter Lang Edition.

Wetterer, Angelika. (2008). Konstruktion von Geschlecht: Reproduktionsweisen der Zweigeschlechtlichkeit. In Ruth Becker & Beate Kortendiek (Hrsg.[innen]), *Handbuch Frauen- und Geschlechterforschung: Theorie, Methoden, Empirie* (S. 126–134). Springer-Verlag.

Winkler, Marietta. (2014). Feminismus und Personenzentrierte Psychotherapie. In Ebermann, Traude, Fritz, Julia, Macke, Karin & Zehetner, Bettina (Hrsg.[innen]), *In Anerkennung der Differenz: Feministische Beratung und Psychotherapie* (S. 187–198). Gießen: Psychosozial-Verlag.

Zehetner, Bettina. (2014). Von der Abhängigkeit über die Ambivalenz zur Autonomie. Feministische Beratung bei Trennung und Scheidung. In Ebermann, Traude, Fritz, Julia, Macke, Karin & Zehetner, Bettina (Hrsg.[innen]), *In Anerkennung der Differenz: Feministische Beratung und Psychotherapie* (S. 99–111). Gießen: Psychosozial-Verlag.

MIX
Papier aus verantwortungsvollen Quellen
Paper from responsible sources
FSC® C105338

If you have any concerns about our products,
you can contact us on
ProductSafety@springernature.com

In case Publisher is established outside the EU,
the EU authorized representative is:
**Springer Nature Customer Service Center GmbH
Europaplatz 3, 69115 Heidelberg, Germany**

Printed by Libri Plureos GmbH
in Hamburg, Germany